KB263734

통합사회 교과서
한 번에
통과하기

1

구정화 지음

공부란 세상을 알아가는 법을
배우는 것

여러분은 자신이 살아가는 세상을 얼마나 알고 있나요? 내가 안다고 '생각'하는 것이 정말 정확하게 알고 있는 '사실'일까요? 전혀 예상하지 못했던 새로운 소식을 접하거나, 잘 알고 있다고 생각했던 사람의 특이한 상황을 전해 들으면 이런 질문이 떠오릅니다.

'나는 무엇을 알고 있었던 걸까?'

사람이 태어나서 만나게 되는 세상은 새로운 것투성이입니다. 그래서 아이들이 말을 배우기 시작하면서 "이건 뭐예요?" "저건 뭐예요?"라며 끊임없이 질문하죠. 종종 경험을 통해 판단하기 위해서 입에 물기도 하고, 손을 대보기도 하고, 발로 밟아보기도 합니다.

그러다가 학교에 다니기 시작하면 정해진 답을 기억하고 그 답을 이용하여 다른 정답을 찾는 일에 집중하는 시기가 찾아옵니다. 스스로 세상을 이해하고 바라보는 일을 잊은 듯이 살아가는 것이죠.

이렇게 주어진 답 안에서만 대상을 인식하면 더 이상 세상을 흥미를 가지고 탐구할 수 없습니다. 현상에 숨겨진 다양한 이면을 보지 못하게 되죠. 또 어떤 경우에는 새로운 것을 아예 보지 않으려는 완고함마저 갖게 된답니다.

농담으로 하는 이야기가 있습니다. 이 세상에 변하지 않는 유일한 한 가지가 있는데, 그것은 "세상은 항상 변한다"라는 사실이라는 거죠. 우리가 살아가는 세상은 항상 가변적이면서 역동적입니다. 그런 점에서 '변화'와 '다양성'은 세상을 작동하게 하는 중요한 방식입니다.

그렇다면 우리가 세상을 바라볼 때에도 변화의 가능성과 함께 다양성도 고려해야 하지 않을까요? 내가 알고 있다고 판단한 세상에 대해 끊임없이 질문하고 새롭게 이해하려는 노력이 필요하지 않을까요?

우리 사회에서는 '공부'를 상급학교에 진학하기 위한 것으로만 여깁니다. 그러나 공부는 세상을 알아가는 방법을 배우는 일입니다. 공부는 어떤 현상에 대하여 의문을 가지고 질문을 하며 그 답을 찾아가는 방법을 배우는 것이어야 합니다. 이 과정에서는 물론 기존에 완성되어 있는 지식을 이해하고 배우는 것도 중요합니다. 더불어 스스로 질문을 던지고 탐구하는 것도 중요하죠.

그러려면 관련 현상을 설명하는 다양한 책을 읽고 각각의 책에서 제기하는 주장들의 장단점을 스스로 되새겨볼 필요가 있습니다. 그렇기에 이

책은 여러 권의 책을 읽는 것과 같은 효과를 누리도록 하나의 주제와 관련하여 다양한 질문, 다양한 관점, 다양한 주장을 모아보려고 했습니다.

이 책의 내용 구성은 '2022 개정 교육과정'에 따라 변화된 고등학교『통합사회』의 주제를 따라갑니다. 전체가 10개의 주제로 되어 있어서 2권으로 나눠 담았습니다.

1권에서는 '통합적 관점' '행복' '자연환경' '문화와 다양성' '생활공간'을 다룹니다. 2권에서는 '인권과 헌법' '사회 정의와 불평등' '시장경제와 금융' '세계화와 평화' '미래와 지속 가능한 삶'을 다루고요.

사회 과목은 세부적이고 전문적이라, 위에 제시된 10개의 주제를 서술하면서 제가 공부한 전공 분야를 넘어선 내용에는 한계가 있음을 느꼈습니다. 그럼에도 관련 서적을 읽으며 최선을 다해 내용을 다듬었습니다.

저 또한 오랫동안 하나의 학문에 정진한 결과, 스스로 그러지 않으려고 노력했음에도 하나의 관점을 강하게 주장하는 사람이 되었습니다. 다양한 관점을 담아내려 했으나 이 책 또한 하나의 관점에 매몰됐을 가능성을 항상 염두에 두고 읽기를 바랍니다. 즉, 여러분 스스로 책의 내용에 비판을 가하고 의문을 던지면서 새로운 생각을 할 필요가 있습니다.

유난히 추운 겨울이 지났습니다. 많은 변화를 경험한 우리 사회가 다시 맞은 새해이지만, 사회에서 세상을 바라보는 시각은 여전히 편협하며 타인에 대한 이해에는 아직도 차가움이 가득합니다. 이 책이 그러한 편협함을 줄여주고 차가움을 녹여주는 역할을 조금이라도 하기를 바랍니다. 춤고 힘든 상황을 넘어 이 책이 나올 수 있도록 해주신 해냄출판사 관계자 분들을 비롯하여 모든 분께 감사드립니다.

마지막으로 사람마다 책에 담긴 내용과 관련해 다른 의견과 생각을 가질 수 있습니다. 여러분들이 그것을 솔직하게 지적해주는 독자가 되길 바랍니다. 여러분의 지적을 바탕으로 함께 논의하고 수정하면 더 나은 책을 만들어나갈 수 있을 것이며, 사회를 좀 더 살기 좋은 곳으로 발전시켜 나가는 데에도 도움이 될 것입니다.

2025년 12월

구정화

차례

들어가며 공부란 세상을 알아가는 법을 배우는 것 4

1장 사회를 통합적 관점으로 본다는 것은?
통합적 관점

1 우리는 사회를 어떤 시각으로 보아야 할까? 15

2 '커피 한 잔'을 넓은 시야에서 보기 20

작품으로 보는 '통합적 관점' | 『왜 세계의 절반은 굶주리는가?』 24

2장 우리는 어떻게 행복한 삶을 살 수 있을까?
인간과 행복

1 행복이란 무엇일까? 29

2 행복한 삶을 살기 위해 필요한 조건들 39

3 나는 어떤 국가에서 살고 싶은가? 51

작품으로 보는 '행복' | 『꾸뻬 씨의 행복 여행』 62

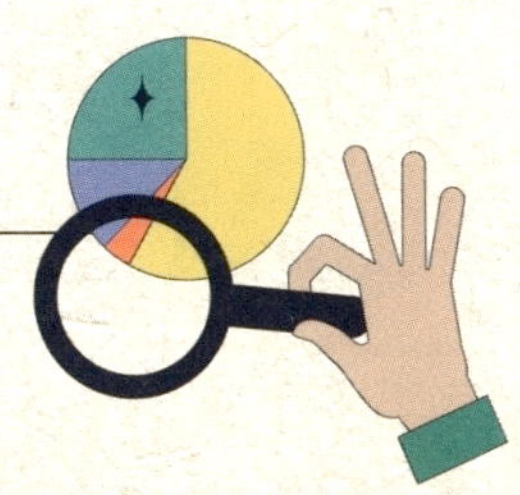

3장 우리를 둘러싼 자연환경 이해하기
자연환경과 인간 생활

1 자연환경은 인간의 삶에 어떤 영향을 주는가? 67

2 자연과 인간, 올바른 관계 맺기 78

3 환경문제를 해결하기 위한 여러 가지 노력들 86

4 자연재해, 어떻게 대응해야 할까? 98

작품으로 보는 '자연환경' | 〈불편한 진실〉 108

4장 다양한 문화 속에서 함께 살아가기
문화와 다양성

1 문화에 따라 달라지는 삶의 양식 113

2 끊임없이 충돌하고 섞이며 세상을 움직이다 122

3 서로 다른 문화를 어떻게 이해해야 할까? 132

4 다름을 존중하는 사회로 나아가는 길 140

작품으로 보는 '문화와 다양성' | 〈위키드〉 150

5장

사회 변동에 따른 생활공간과 생활양식의 변화
생활공간과 사회

1 산업화는 우리의 삶을 어떻게 바꾸었나? 155

2 도시의 성장과 도시민의 삶 168

3 삶을 연결하는 교통과 통신의 발달 179

4 지식정보화가 가져오는 생활의 변화 190

📚 작품으로 보는 '생활공간' | 『난쟁이가 쏘아올린 작은 공』 204

함께 읽으면 좋은 책 206

미주 211

※ 일러두기

이 책은 2018년에 출간한 『통합사회 교과서와 함께 읽기 1·2』를 '2022 개정 교육과정'의 내용을 반영하여 전면 개정한 도서입니다.

통합사회 교과서 한 번에 통과하기 **2**권 차례

1장
인간의 존엄성을 지키기 위한 다양한 노력들
인권과 헌법 그리고 삶

1 인권이 성장해온 과정

2 헌법은 인권을 어떻게 보장하는가?

3 인권 보장을 위한 시민 참여

4 내 이웃 혹은 나의 인권은 안녕한가?

5 세계 여러 나라의 인권 문제는?

작품으로 보는 '인권' | 〈나, 다니엘 블레이크〉

2장
정의로운 사회는 어떻게 만들어지는가?
사회 정의와 불평등

1 정의란 무엇인가?

2 개인과 공동체 중 무엇을 우선 고려할 것인가?

3 사회 곳곳에 드리워진 불평등의 그림자

4 사회 불평등, 어떻게 해결할 것인가?

작품으로 보는 '정의와 불평등' | 「벼타작」

3장
경제 흐름을 이해하고 나의 미래 설계하기
시장경제와 금융

1 자본주의는 어떻게 발전해왔을까?

2 시장경제를 움직이는 다양한 요소들

3 왜 세계는 무역을 하는가?

4 어떻게 해야 경제적으로 안정된 삶을 살 수 있을까?

작품으로 보는 '시장과 금융' | 「화차」

4장
세계 속의 심화되는 갈등과 평화를 위한 발걸음
세계화와 평화

1 세계화는 우리의 삶을 어떻게 바꾸었나?

2 협력과 평화를 향한 세계의 손길들

3 동아시아 평화를 위한 한반도의 숙제

작품으로 보는 '평화' | 『전쟁은 여자의 얼굴을 하지 않았다』

5장
다음 세대를 위한 우리의 선택은 무엇인가?
미래와 지속 가능한 삶

1 인구 변화, 그리고 지구의 앞날은?

2 상처 입은 지구에 지속 가능한 미래는 있는가?

3 인공지능과 제4차 산업혁명, 인간의 미래는?

작품으로 보는 '지구의 미래' | 〈인터스텔라〉

사회를 통합적 관점으로 본다는 것은?

♥ 통합적 관점

1 우리는 사회를 어떤 시각으로 보아야 할까?

학문의 분화, 통섭, 통합적 관점

14~16세기 서유럽의 르네상스는 종교적 교리에 따른 지배 질서를 강조하던 중세의 인식에서 벗어나 철학, 미술, 건축 등의 부활을 강조했습니다. 말 그대로 르네상스(Renaissance)는 재생 또는 부활이니까요. 르네상스에서 부활의 대상은 그리스, 로마 등의 중세 이전 서유럽 문화라고 볼 수 있습니다. 서유럽 역사에서는 중세를 '인간 이성의 무덤'이자 암흑기라고 봅니다. 반면에 르네상스는 인간에 대한 재발견, 이성을 통한 합리적 사유의 회복, 합리적 생활양식의 도입이 가능했던 시기로 보죠.

르네상스 이후 근대사회로 접어들어 합리성에 기초한 탐구 영역이 다양해지면서 학문의 분화가 일어났습니다. 사회학을 예로 들어볼까요? 초기 사회학자인 막스 베버는 사회학자이면서도 경제학, 철학, 역사학 등에서 다양한 연구 결과를 남겼습니다. 지금 사회학자들은 이런 경우가 거의 없지요. 요즘 사회학자를 만나서 전공을 물어보면 '문화사회학' '범죄사회학' '도시사회학' '가족사회학' '정보사회학' '산업사회학'같이 아주 세부적인 분야를 답합니다.

이렇게 학문이 분화된 이유는 무엇일까요? 우선 삶이 다양해졌기 때문이겠지요. 과거에 비해 삶의 공간이 확장되고 과학기술이 급격히 발달해 삶의 모습이 다양해졌습니다. 그렇다 보니 세부적으로 깊이 탐구해야 할 분야가 많아진 것입니다. 또한 학문을 탐구하는 방법이 발달하면서 연구 대상을 구체적이고 세밀하게 분석할 수 있게 된 것도 이유입니다. 대상을 세밀하게 분석할수록 그 대상은 점점 더 분화되고 더 상세한 설명이 가능해집니다.

역사가 발전함에 따라 학문이 분화되고, 세상을 세분화해서 보는 방향으로 가고 있습니다. 이에 맞춰 직업에서도 전문성이 강조되고요.

그런데 왜 학교에서는 사회를 통합적으로 봐야 한다고 하는 걸까요?

우리가 탐구하는 학문에는 어떤 것들이 있을까?

대학에 진학하면 무엇을 공부하고 싶은가요? 종합대학은 전공별로 학과가 있고, 과를 묶은 단과대학이 있습니다. 'OO대학교 사회대 사회학과' '△△대학교 자연대 화학과' 하는 식으로요. 대학이 자연대, 사회대, 인문대와 같이 몇 개 학과를 묶은 것은 각 학과의 연구 방법이나 관심 등을 고려하여 자연과학, 사회과학, 인문학으로 학문을 분류하기 때문입니다.

자연과학이라는 학문의 연구 대상은 자연현상입니다. 자연현상은 인간의 의도와 상관없이 일어납니다. 그래서 실험이나 관찰에서 얻은 경험적 자료를 바탕으로 정밀한 인과관계를 분석하여 그 현상을 이해하려고 합니다. 수학, 물리학, 화학, 생물학, 천문학, 지구과학 등이 여기에 속합니다.

사회과학의 연구 대상은 사회현상입니다. 사회현상에는 인간의 의도가 개입되어 있지요. 자연과학에서 사용하는 탐구 방법을 그대로 사용할 수 있다는 입장도 있지만, 인간의 의도가 개입된다는 면에서 사회과학 나름의 탐구 방법이 필요하다는 주장도 있습니다. 사회과학 분야의 대표적인 학문으로는 사회학, 경제학, 정치학, 법학, 심리학 등이 있습니다. 지리학은 사회학으로 분류되긴 하지만, 사회현상과 동시에 자연현상도 탐구 대상으로 삼습니다.

인문학도 있습니다. 인문학은 인간 존재의 근원적 문제, 인간의 마음이나 가치, 사상 등을 연구하는 학문들을 이르는 말입니다. 역사학, 철학, 종교학, 문학, 언어학 등이 해당합니다. 인문학과 사회과학의 차이가 뭐냐고요? 인문학이 인간 존재나 마음과 관련한 현상 그 자체를 대상으로 한다면, 사회과학은 인간의 마음이나 가치가 개입되어 나타난 결과를 대상으로 한다는 차이점이 있지요.

통합적으로 인간의 삶을 이해하다

인간 삶에 직접적으로 관련된 현상은 주로 사회과학과 인문학이 관심을 갖습니다. 그런데 앞서 보았듯이 사회학에서도 세부 전공 분야가 나뉩니다. 이처럼 인간의 삶을 둘러싸고 일어나는 현상에 대한 탐구는 점점 분화되고, 학문에서도 분과 현상이 나타납니다.

분과적인 학문은 인간의 삶을 세밀하게 분류하여 연구합니다. 그런데 실제 우리의 삶은 어떤가요? 삶은 과거에 비해 훨씬 더 복잡해졌습니다. 예를 들어 10대 폭력 문제를 논의할 때 범죄심리학자, 상담학자, 청소년학자, 교육학자, 가족사회학자, 법학자 등 다양한 전문가들이 의견을 내는 모습을 본 적이 있을 겁니다. 하나의 현상에 대하여 특정 영역이나 학문의 관점에서만 설명하기보다는, 다양한 관점이나 지식을 동원해 함께 생각해야 원인 진단과 해결 방안 모색이 가능하기 때문입니다.

눈을 감고 코끼리를 만진 다음 자신이 만진 것만 이야기하면 통합적인 코끼리 상을 완성하기가 어렵겠지요. 하지만 코끼리 코를 만진 사람, 다리를 만진 사람, 등과 꼬리를 만진 사람이 모여서 논의하면 실제 코끼리에 가까운 형상을 완성할 수 있을 것입니다. 학문의 통합은 어떤 현상과 관련된 여러 분야의 사람들이 같이 논의함으로써, 그 현상에 대해 더 깊이 이해해 보자는 움직임이라고 볼 수 있습니다.

최근 학계에서도 분과를 넘어서 통합적으로 현상을 고찰하는 접근법을 강조합니다. 대표적인 것이 '통섭 논의'입니다. 통섭은 말 그대로 학문 간에 소통을 하자는 것입니다. 어떤 현상을 연구할 때 개별 학문으로만 접근하기보다는 학문의 경계를 넘어 서로 관련짓고, 관찰하고, 탐구하고, 연관된 지점을 같이 논의해보자는 것이지요. 통섭은 우리가 일상에서 부딪치는 문제의 원인을 파악하고 해결하는 데 절실하게 필요합니다.

'자전거 활성화 정책'을 세운다고 생각해봅시다. 무엇을 고려해야 할까요? 우리나라 도로 사정, 교통정책 변화와 정책 도입에서 검토해야 할 법적 문제, 다른 분야에 끼칠 경제적 영향, 자전거 활성화 정책의 사회적 가치, 즉 '환경보존'의 의미, 우리나라 기후가 자전거 활성화 정책에 미치는 영향과 보완책, 에너지 및 환경 문제 대안으로서의 적정성, 도시 계획과 건설 등 매우 다양한 문제들을 함께 논의해야 합니다.

어떤 문제를 찾아내고 그 문제를 해결할 때, 이처럼 여러 분야에서 그 현상을 바라보는 관점을 통합하여 고려하는 편이 낫겠지요?

2 '커피 한 잔'을 넓은 시야에서 보기

관점, 통합사회, 소비에 담긴 가치, 공정무역, 커피벨트

관점이란 사람이 어떤 현상이나 사물을 바라보는 방향이나 가치, 또는 태도를 말합니다. 관점이 저마다 다르기 때문에 사람들은 같은 것을 보고도 각자 다른 의견을 말합니다. 어느 현상을 두고 역사적 사건이나 맥락 등 시간적 관점을 강조하는 사람이 있고, 위치나 지역, 관계성 등 공간적 측면을 강조하는 사람도 있습니다. 그 현상에 나타난 개인의 행동을 보고 사회구조와의 관련성을 고려하여 사회적 측면을 강조하는 경우도 있고, 개인이나 한 사회가 지향하고 판단의 준거가 되는 가치를 강조하여 윤리적인 면을 보는 사람도 있습니다.

사람들이 공정무역◆ 커피를 선택하는 현상을 예로 들어봅시다. 커피는 아프리카의 에티오피아가 원산지인데, 커피를 발견한 당시 에티오피아의 종교는 이슬람교였습니다. 술을 금하는 이슬람의 종교적 교리 때문에 이

를 대신할 음료로 커피가 인기를 끌었습니다. 그러다 십자군전쟁 때 유럽으로 전파되어 유럽인들에게 사랑받는 음료가 되었지요. 그 후에 제국주의를 기반으로 식민지를 확장하던 유럽인들은 커피가 잘 자라는 자연 환경을 가진 식민지로 커피 생산지를 넓혔습니다. 이로 인해 아시아와 라틴아메리카 등지에서도 커피를 생산하게 되었지요.[1]

커피 생산지를 커피벨트라고 합니다. 커피벨트가 되려면 적당한 강수량과 연 평균기온 20도 정도의 환경이 필요합니다. 세계지도에서 이 지역들을 보면 적도를 중심으로 남쪽과 북쪽의 위선 23.5도에 모여 있습니다. 아프리카 에티오피아와 케냐, 아시아 베트남과 인도네시아, 라틴아메리카 브라질, 콜롬비아, 과테말라 등이 해당합니다. 커피의 주 생산지는 이 국가들이지만, 주 소비지는 유럽이나 북아메리카 등 대개 선진국입니다.

커피가 우리나라에 들어온 것은 고종 때로 알려져 있습니다. 외교 사절이 드나들기 시작한 구한말에 커피가 왕실에 진상되었고 가배 또는 고희로 불리면서 상류층의 기호품이 된 것입니다. 그러다 6·25전쟁 이후 미군 부대에서 판매하던 인스턴트 커피가 남대문시장 등으로 흘러나오며 사람들의 입맛을 당겼고, 다방에서도 커피를 팔기 시작했습니다.

1970년대 중반에는 한 기업이 봉지 인스턴트 커피를 개발해서 베스트셀러가 되었습니다. 저녁도, 휴일도 없이 일해야 했던 한국의 직장인들에게 카페인이 좋은 각성제 역할을 한 데다가, 싼값에 편하게 먹을 수 있어서 많은 사랑을 받았던 것입니다.

경제가 성장하면서 소비력이 증가하고, 자유무역이 가능해지고, 국가 간

◆ **공정무역** 상품의 생산자가 경제적으로 자립할 수 있고, 지속 가능한 발전을 할 수 있으며, 인간으로서 존엄성을 유지할 수 있도록 정당한 대가를 지불하는 무역 형태를 말한다. 이러한 상품을 사는 것을 '착한 소비'라고 한다.

상품 이동이 용이해지면서 우리나라에 외국계 카페들이 들어왔습니다. 점점 서구화된 사람들의 생활방식도 커피의 대중화에 일조했습니다. 공부하고 사람을 만나고 업무를 처리하는 등 카페에서 다양한 경험이 가능해지면서 카페가 급속도로 성장하고, 커피는 한국인의 대표 음료가 되었습니다.

그런데 몇몇 사람들이 커피의 역사, 생산 과정 등을 고려하기 시작했습니다. 커피 생산 과정에서 인권이 착취당하지 않았는지, 커피 생산으로 얻은 이익이 생산자가 아닌 유럽이나 미국 등에 본사를 둔 대기업에만 돌아가는 건 아닌지, 생산 과정에서 환경을 파괴하지는 않는지 등을 커피 소비에서 중요한 가치로 여기게 된 것입니다. 이들은 자신의 기준에 따라 공정무역 커피를 선택하게 되었습니다. 한국의 어느 카페에서 주문하는 한 잔의 공정무역 커피에는 이런 다양한 측면이 반영되어 있지요.

커피 한 잔이 에티오피아에서 한국의 나에게 오기까지는 이처럼 수많은 역사적 사건이 얽혀 있습니다. 커피 생산지와 소비지의 공간 분포나 그 네트워크의 특징도 알 수 있지요. 한국 사회에서 커피를 마시게 되는 사회적인 요인과 커피 소비에 담긴 가치 지향 논의도 접할 수 있습니다.

이렇게 시간적·공간적·사회적·윤리적 관점을 총동원하여 현재 내 앞에 놓인 공정무역 커피 한 잔을 바라보면, 나의 행동에 다양한 세계가 스며들어 있음을 알 수 있습니다. 국가 간 지배와 피지배의 역사, 지역 간 혹은 국가 간의 경제 교류에서 나타나는 불평등, 지구촌 내 불평등한 공간 구조, 기후와 기온 같은 자연환경에 따른 작물 재배 양상, 종교와 특정 문화의 연계성, 개인의 선택에 영향을 주는 사회구조의 특징, 어떤 가치가 사람들의 삶에 미치는 영향력 등……. 그런 것들이 모두 이어져 하나의 현상을 만들어내는 것이죠.

'통합사회'란 무엇일까?

자, 어떤가요? 이렇게 커피 한 잔을 바라보듯이 인간과 관련한 현상을 통합적인 관점으로 파악하면, 무엇을 알게 될까요?

첫째, 인간을 둘러싼 특정 주제나 문제가 단순히 하나의 요인에 의해서만 나타나는 것이 아니라 다양한 관점이 개입되어 나타남을 알 수 있습니다. 그래서 통합적 관점으로 어떤 주제나 문제를 살피면 그 원인과 진행 과정, 문제 양상 등을 깊이 이해하는 것이 가능합니다.

둘째, 어떤 현상과 관련하여 사실적인 지식과 더불어 가치적인 측면에서 무엇을 고려해야 할지도 생각할 수 있습니다. 여러 관점을 동원해 통합적으로 문제를 살펴보면 어떤 선택이 옳고 그른지 판단하기 쉬워집니다. 결국 다양한 해결 방안 중에서 가장 적정한 것을 파악하는 데 도움이 됩니다.

'통합사회'는 살아가면서 고려해야 할 중요한 주제를 시간적·공간적·사회적·윤리적 관점 등 다양한 관점을 통합하여 바라보는 것입니다.

이제부터 읽어나갈 내용에서는 행복, 자연환경, 생활공간, 인권, 시장, 사회 정의와 불평등, 문화, 세계화와 평화, 지속 가능성이라는 큰 주제를 제시할 것입니다. 그리고 이 주제들에 대하여 여러 관점을 도입하여 다양한 현상, 문제 상황, 해결 방안 등을 다각적으로 살펴보겠습니다.

자, 지금부터 다양한 주제에 여러 관점을 적용하여 통합적으로 사고하는 과정을 같이 해봅시다.

왜 세계의 절반은 굶주리는가?

도서	미술	영화	연극
V			
장 지글러가 2007년에 발간한 책이다. 세계에서 생산되는 식량은 전 인류가 먹기에 충분한데, 왜 여전히 수많은 사람이 굶주림에 처해 있는지를 다양한 자료를 바탕으로 분석하고 있다.			

줄거리

저자인 장 지글러는 2000년대 초반에 UN인권위원회 최초 식량특별조사관으로 활동하면서 전 세계에서 발생하는 기아 현상을 분석했는데, 이때 얻은 자료를 바탕으로 이 책을 썼다. 그는 지구촌 불평등 문제의 원인과 해결 방안을 제시하며, 지구촌 인류의 관심을 촉구하고 있다.

기아라는 현상에 초점을 두고 있지만, 실상은 지구촌 불평등의 문제, 기후 변화, 국제무역과 다국적 기업, 인류의 자원 전쟁, 문화 다양성, 인권, 개인의 행복 등 방대한 주제를 아우르고 있어, 『통합사회』의 다양한 주제를 한꺼번에 파악할 수 있다.

📚 주제 던지기

기아는 인간의 생존에 가장 위협이 되는 현상입니다. 지구촌 한쪽에서는 넘쳐나는 식량을 버리기도 하고, 풍부하게 먹으면서도 마른 몸을 위해 다이어트나 병원 치료를 받는 사람들이 있습니다. 반면 지구촌의 다른 쪽에서는 하루 먹을 식량을 구하지 못해 생명을 잃는 사람들이 있으며, 삐쩍 마른 몸으로 겨우 일상을 살아가는 사람도 있습니다. 이 문제에 대하여 통합적 관점을 고려하면서 책을 읽고 질문을 정리해봅시다.

관점	책을 읽으면서 해야 할 질문
시간적 관점	
공간적 관점	
사회적 관점	
윤리적 관점	

📚 토론 주제

현상을 이해하는 데 통합적 관점이 필요한 이유는 무엇일까?

우리는 어떻게 행복한 삶을 살 수 있을까?

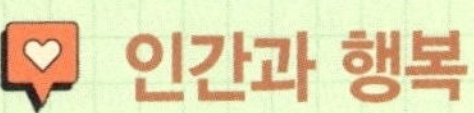 인간과 행복

인간은 자신의 행복의 창조자다.

—헨리 데이비드 소로(미국의 사상가이자 문학가)

행복이란
무엇일까?

행복의 기준, 행복론, 삶의 목적으로서의 행복

'카페인 우울증'이라는 말이 있습니다. 여기서 말하는 카페인은 커피에 들어 있는 물질이 아니라 카카오스토리, 페이스북, 인스타그램을 묶은 약어로, 소셜네트워크 서비스를 뜻합니다. 그래서 카페인 우울증을 SNS 우울증이라고도 부르죠.

오늘날 대다수 사람들은 자신의 일상, 특별한 순간을 온라인에 기록합니다. 내용은 대부분 즐겁습니다. 자신이 처한 고통의 순간이나 어려움을 온라인에 올리는 사람은 거의 없죠. 그래서 우리가 엿보는 남의 기록은 즐겁고 행복한 순간인 경우가 대부분입니다. 그런데 이게 문제가 됩니다.

카카오스토리, 페이스북, 인스타그램에서 보이는 지인의 삶은 즐겁고 멋진데 내 삶은 그렇지가 않다면 어떤 생각이 들까요? 그들의 즐거운 삶을 보면 나만 우울하고 힘들게 사는 것 같다는 착시를 경험하지요. 이때 느끼는 우울감이 바로 카페인 우울증입니다.

'행복'은 삶에서 충분한 만족이나 기쁨을 누리는 상태를 말합니다. 카페인 우울증 같은 것은 나의 행복에 부정적인 영향을 미치겠지요.

그렇다면 인간은 어떻게 행복을 누릴까요?

행복은 상대적일까, 절대적일까?

한 사회학자가 행복이 객관적인지, 아니면 주변 집단과 비교하여 상대적으로 느끼는 감정인지 궁금했습니다. 그래서 재미있는 조사를 했지요. 직장인들에게 자신과 주변 사람들의 월급 수준을 비교하게 하고 느끼는 행복감이 어느 정도인지를 물었습니다. 결과를 보니, 주변 사람보다 월급을 적게 받는 사람은 주변 사람보다 월급을 많이 받는 사람에 비해 행복감이 낮았습니다. 이 연구[2]를 통해 사회학자는 '사람은 주변 사람들과의 비교를 통해 행복감을 얻는다'라고 결론을 내렸습니다.

한 사람이 자신의 삶에서 느끼는 행복감 등을 판단하는 데 준거로 삼는 집단을 준거집단이라고 합니다. 시험을 쳤는데 전보다 점수가 떨어지긴 했지만 내가 준거집단으로 삼은 친구들보다 점수가 높은 경우, 전보다 점수가 오르긴 했지만 준거집단으로 삼은 친구들보다 점수가 낮은 경우. 이 중에서 어떤 경우에 더 행복하다고 느낄까요?

준거집단과 관련한 행복감 실험을 보면 행복은 상대적인 것으로 보입니다. 우리는 종종 불행하다고 느끼다가도 나보다 더 불행한 사람을 보면 그 순간 불행감에서 벗어나곤 합니다. 그 이유는 무엇일까요? 이에 대하여 한 실험이 답을 알려줍니다.

타인의 행복한 경험과 불행한 경험 이야기를 동시에 듣는다면, 사람들은 어떤 이야기에 더 관심을 가질까요? 어느 연구자가 이와 관련한 실험을 했습니다. 한 모임에서 사람들에게 A의 불행한 경험과 B의 행복한 경험을 들려주었습니다. 그러자 모임에 있던 사람들은 B가 경험한 행복한 사건보다 A가 경험한 불행한 사건에 더 많은 관심을 보이면서 이야기를 나누었습니다. 또한 B가 경험한 행복한 사건보다 A가 경험한 불행한 사건에 대하여 주변 사람들에게 더 많이 이야기한 것으로 나타났습니다.

사람들이 남의 불행에 이렇게 관심을 갖는 이유는 무엇일까요? 자신에게 그런 일이 일어나지 않은 데 대해 행복감을 느끼기 때문이 아닐까요?

행복은 지속적일까, 한시적일까?

'행복'이라는 단어를 검색해보면 '행복한 순간'이라는 표현이 참 많이 나옵니다. 말 그대로 행복은 영원한 것이 아니라 어떤 특별한 순간의 감정입니다. 영어로 행복은 happiness입니다. '우연한 상황'이라는 뜻의 happening과 '행복'을 뜻하는 happiness는 둘 다 어원이 'hap'이라고 합니다. 'hap'은 우연을 뜻하는데, 지속되는 것이 아니라 순간에 일어나는 일이죠. 우연한 상황(happening)과 행복(happiness)이 '우연(hap)'을 어원으로 둔 것을 보면, '행복한 순간'이라는 표현은 참 적절해 보입니다.

그런데 'hap'에는 '운'이라는 의미도 담겨 있습니다. 그래서일까요? 사람들은 종종 행복과 행운의 순간을 헷갈리기도 합니다. 우리는 네 잎 클로

버를 찾는 순간을 행운이라고 하지 행복이라고는 하지 않지요. 수많은 세 잎 클로버 중에서 네 잎 클로버를 찾은 것은 노력해서 만들어낸 산물이 아니라 우연히 얻은 것입니다. 외부에 존재하는 것을 우연히 발견하여 얻은 행운인 거지요. 하지만 행복은 단순히 외부에 있는 것을 우연히 발견하는 행운과는 다릅니다.

모리스 마테를링크의 『파랑새』[3]를 읽어본 적이 있나요? 주인공 남매인 틸틸과 미틸은 크리스마스 전날에 파랑새를 찾아달라는 요청을 받는 꿈을 꿉니다. 남매는 파랑새를 찾기 위해 추억의 나라, 꿈의 방, 사치의 방, 미래의 성을 거치며 모험을 합니다. 그렇지만 파랑새를 찾는 데는 실패하지요. 꿈에서 깨어나서 자신의 집에 있는 새장에서 파랑새를 발견합니다. 그리고 자신들이 기르던 새가 바로 그 파랑새라는 걸 알게 되지요.

동화 속 주인공이 찾아내는 파랑새는 행복을 상징합니다. 남매는 행복을 찾아서 먼 곳을 여행했지만, 결국 행복은 자신의 삶 속에 있음을 깨닫습니다. 행복은 저 멀리 외부에서 오는 그 무엇이 아니라, 내 안에 존재하지만 내가 발견하기 전에는 알 수 없는 것이라는 메시지가 이 동화에 담겨 있습니다.

행복한 순간은 누가 만들어주는 것이 아니라 내가 살아온 어느 순간을 발견하여 기억한 결과입니다. 그러니 행복이란 내 삶에서 나 스스로 찾아내는 것이겠지요.

철학자들이 생각하는 '행복'

행복하다고 느낄 때를 말해보라고 하면 누구나 자신의 기억 중 하나를 이야기할 것입니다. 그런데 행복이 무엇인지 설명해보라고 하면 쉽지가 않죠. 무엇이 행복일까요? 예부터 철학자들은 행복에 관심을 가져왔습니다. 서양에서는 고대부터 현재에 이르기까지 많은 철학자들이 행복에 관한 많은 이야기를 남겼는데, 이런 논의를 보면 행복이야말로 삶의 궁극적인 지향점인 듯합니다.

아리스토텔레스의 이야기를 먼저 들어볼까요? 그는 우리가 어떤 것을 하는 데 있어서 그 자체로 최종의 이유가 되는 '최상의 좋음' 상태가 있는데, 이것을 행복으로 보았어요. 최고의 선(善)이 행복이라고 여긴 것입니다. 아리스토텔레스는 내가 인간으로서 해야 할 고유한 기능인 이성적인 삶을 잘 살아낼 때 행복에 다다를 수 있다고 믿었습니다.

하프 연주자의 고유한 기능은 하프를 최상으로 연주하는 것이고 그때 하프 연주자로서 최고의 선 상태가 되는 것처럼, 인간으로서 이성적인 삶을 살아가는 것이 바로 행복이라는 것이지요. 이 주장에 따르면 행복은 우리가 보통 생각하는 즐거움이나 뭔가 충족된 상태라기보다는, 나의 욕망을 절제하면서 도덕적 삶을 지향하는 것입니다.

에피쿠로스 학파◆도 행복이 인생의 목적이라고 보았어요. 그런데 아리스토텔레스와 달리 행복이 쾌락과 관련되어 있어서, 즐거울 때 행복하고 불쾌할 때는 불행하다고 보았어요. 감각적인 쾌락이 인간의 행복에 중요

◆ **에피쿠로스 학파** 아테네의 철학자인 에피쿠로스의 이름을 따서 지은 철학의 한 분파이다. 쾌락을 최고선으로 규정한 에피쿠로스와 그 제자들의 철학적 주장이 주요 내용을 이룬다.

하다는 거죠. 그렇다고 이들이 쾌락 추구만을 강조한 것은 아니에요. 행복에 이르는 진정한 쾌락을 위해서는 육체적 욕구를 줄이고 절제해야 한다고 했으니까요.

시간이 지나면서 개인의 행복뿐 아니라 집단의 행복에 관심을 가진 철학자들이 나타났습니다. 바로 공리주의자들입니다. 대표적으로 제러미 벤담은 쾌락이 유일한 선이고 고통이 유일한 악이라는, 쾌락주의적 행복론을 주장합니다. 그러면서 '공리의 원리'라고 부르는 최대 다수의 최대 행복을 주장하죠. 사회 구성원의 행복의 양을 최대화하는 방향으로 결정을 내려야 한다고 강조합니다.

같은 공리주의자이지만 행복에서의 질적 차이를 강조하는 철학자 존 스튜어트 밀은 "만족한 돼지가 되기보다는 불만족한 인간이 되는 편이 낫고, 만족한 바보가 되기보다는 불만족한 소크라테스가 되는 편이 낫다"라고 하면서 질적인 쾌락을 통한 행복 추구를 강조하죠. 어떤 철학자의 행복론에 마음이 가나요?

나는 무엇을 추구하며 어떻게 살아가고 있나?

최근 심리학자들이 인간의 행복에 깊은 관심을 보입니다. 심리학자들은 보통 행복이 무엇인가보다는 어떨 때 인간은 행복한가에 초점을 맞춥니다. 심리학적 측면에서 행복은 주관적으로 느끼는 안녕감 혹은 평안한 상태라고 보는 경우가 대부분입니다. 그래서 행복을 삶의 만족도로 이야기하기도 하지요. 주로 일상에서 느끼는 감정으로서 행복에 초점을 둡니다.

잠깐! 더 배워봅시다

행복과 오복(五福)[4]

혹시 눈치챘는가? '철학자들이 생각하는 행복'에서 동양 철학자는 등장하지 않았다. 그 이유는 동양 철학은 행복론을 구체적으로 말하지 않기 때문이다. 유교의 경전 중 『서경』의 「홍범」 편에서 '오복'을 논의하긴 하지만, 이는 삶의 다섯 가지 바람직한 조건을 말한다. 행복 자체보다는 행복을 위한 조건에 대한 이야기인 것이다.

그 다섯 가지는 무엇일까? 첫째는 '수(壽)'로, 오래 사는 것을 말한다. 둘째는 '부(富)'로, 부유하고 풍족한 삶을 누리는 것을 말한다. 셋째는 '강녕(康寧)'으로, 건강하게 일생을 사는 것을 말한다. 넷째는 '유호덕(攸好德)'으로, 덕을 좇아서 다른 사람을 위하며 사는 것을 말한다. 다섯째는 '고종명(考終命)'으로, 자신의 집에서 편안히 죽음을 맞이하는 것이다.

민간이 원하는 오복은 약간 다르다. 『서경』의 「통속」 편에서 말하는 오복은 유호덕 대신에 '귀(貴)', 즉 귀하게 되는 것, 고종명 대신에 '자손중다(子孫衆多)', 자손이 많은 것이라고 하였다.

이렇게 오복을 통해 옛날 우리나라나 중국에서 행복한 삶을 위해 중요하게 여긴 것이 무엇인지 알 수 있다. 이 중에서 무엇이 가장 마음에 와닿는가?

행복과 관련하여 가장 관심을 끄는 심리학 연구[5]는 조지 베일런트(George Vaillant) 교수가 하버드대학교에 입학한 268명의 인생을 추적하여 조사한 연구 결과입니다. 이 연구는 행복하기 위해서는 어떻게 살아야 하는지에 대해 중요한 시사점을 줍니다.

수십 년간 추적 조사를 한 결과를 보면, 행복의 조건은 좋은 대학을 졸업하거나 고액 연봉을 받는 직장에 들어가는 것이 아니라, 주변 사람들과 긍정적인 인간관계를 맺고 건강한 생활 습관을 갖는 것이었습니다. 비슷한 다른 연구도 좋은 인간관계가 행복의 주요한 조건이라고 결론짓습니다.

또한 행복의 조건으로 '고통에 대한 방어 체계', 즉 고통에 대해 어떻게 대응하는지가 중요합니다. 동일한 어려움이나 위기에 처하거나 타인으로부터 거절당하고 좌절하더라도 쉽게 이겨내는 사람이 있는가 하면, 거기에서 빠져나오지 못하고 불행한 상태로 사는 사람들이 있습니다. 이들의 차이는 어디서 나올까요? 바로 회복탄력성입니다. 고무줄은 탄력이 있기 때문에 외부에서 끌어당기는 힘의 크기와 상관없이 바로 원래 모습으로 돌아갑니다. 이처럼 어떤 자극에도 자신의 원래 상태로 회복하는 성질을 회복탄력성이라고 합니다.

회복탄력성이 높을수록 고통이나 괴로운 상태에 오래 머물지 않고 빨리 원래의 자신으로 되돌아올 수 있죠. 이러한 회복탄력성을 높여주는 데 가장 중요한 것이 나를 지지해주는 사람이라고 합니다. 그러니 행복에서 가장 중요한 것이 결국은 사람이며, 인간과의 긍정적인 관계일 것입니다. 지금 옆에 있는 사람들과 좋은 관계를 맺어보세요. 그러면 행복한 순간을 더 많이 경험할 겁니다. 그리고 회복탄력성도 높아질 것입니다.

행복은 살아가면서 추구해야 할 중요한 삶의 목표이자 조건입니다. 지금까지 살펴본 바에 따르면, 행복은 외부에서 오는 것이 아니라 내 안에서 찾는 것입니다. 그러나 사람들은 여전히 행복을 외부 조건에서 혹은 다른 사람들과 비교를 통해서 찾으려는 경향을 보입니다.

올더스 헉슬리의 소설 『멋진 신세계』[6]에는 완전한 세계라고 상정되는 사회가 나옵니다. 이 사회 구성원들에게는 불행을 느끼는 것 자체가 죄가 됩니다. 그래서 불쾌하거나 우울한 느낌이 들면 '소마'라는 약을 복용하여 그 기분에서 벗어나지요. 약 하나로 행복해지는 사회, 정말로 행복할까요?

소마라는 약은 불행한 느낌을 제거해주는 것이지, 행복을 주는 것은 아닙니다. 만약 내가 가진 어떤 조건 때문에 다른 사람들보다 행복하다고 느낀다면, 그 조건은 『멋진 신세계』 속 사람들이 먹는 소마 같은 역할을 할 뿐입니다. 소마에 속아서 느끼는 가짜 행복인 거지요.

티베트의 승려 달라이 라마는 "어떤 순간에 행복이나 불행을 느끼는 것은 주변 여건과는 거의 관계가 없고, 오히려 상황을 어떻게 받아들이며 자신이 가진 것에 얼마나 만족하는가에 달려 있다"[7]라고 말합니다. "나는 행복한가?"라는 질문에 "예"라는 답이 나오지 않는다면 주변을 돌아보기 전에 자신의 내면을 들여다볼 필요가 있습니다.

나는 무엇을 추구하며 어떻게 살아가고 있나요?

조사 활동 주변 사람들이 생각하는 행복한 순간 인터뷰하기

1. 주변 사람들 중에서 인터뷰할 세 명을 정한다.

2. 각각 인터뷰를 하면서 삶에서 행복한 순간 세 가지를 물어보고, 마지막으로 행복이 무엇인지 비유를 들어 말해달라고 청한다. 대화 내용은 허락을 얻어 녹음한다.

3. 녹음한 내용을 기록하고 세 명이 말한 행복한 순간의 공통점을 정리한다.

4. '내 주변 사람들이 발견한 행복'이라는 제목으로 인터뷰한 내용을 창의적으로 정리한다.

그림 활동 행복에 관한 명언을 찾아서 개념도 그리기

1. 인터넷이나 책에 행복에 대한 명언을 20개 정도 수집한다.

2. 명언에서 행복과 관련된 단어들을 추출한다.

3. 추출한 단어를 고려하여 행복을 가운데 놓고 다른 단어들과 연결하는 개념도를 그린다.

4. 완성된 개념도를 통해 자신이 생각하는 행복의 의미를 정리한다.

논술 활동 행복일기를 통해 행복의 의미 정리하기

1. 마음에 드는 노트를 마련한다.

2. 일주일이든 한 달이든 일정한 기간을 정하고, 행복한 순간을 기록하는 행복일기를 작성한다. 매일매일 행복하다고 느낀 순간, 그날의 행복을 위해 더 필요했던 것, 나에게 행복을 준 사람 등 나의 행복과 관련한 내용을 기록한다.

3. 행복일기를 바탕으로 내가 생각하는 행복에 관한 에세이를 쓴다.

행복한 삶을 살기 위해 필요한 조건들

행복의 조건, 질 높은 정주 환경, 민주주의, 적정한 경제 수준, 도덕적 삶과 성찰

뉴욕의 증권회사에서 일하며 높은 연봉을 받는 유능한 사람이 3주간 휴가를 얻어 바닷가로 떠났습니다. 일에 쫓기던 생활에 대한 보상이라도 받겠다는 듯이 빈둥빈둥 낚시도 하고 책도 읽으며 시간을 보냅니다. 그러던 어느 날 동네에서 낚시꾼을 만났습니다. 그 사람은 느지막이 나와 낚시를 하고, 웬만큼 생선을 잡았다 싶으면 그때부터는 놀기만 하다가 저녁이 되면 집으로 돌아갔습니다.

가만히 보니 더 열심히 낚시를 하면 생선을 훨씬 많이 잡을 수 있을 텐데도 낚시꾼은 매일 조금씩만 잡고 말 뿐이었습니다. 며칠 지나 서로 인사를 나누는 사이가 되자, 뉴욕에서 온 사람은 낚시꾼에게 물었습니다.

"당신은 낚시 솜씨가 대단한데 왜 하루에 그 정도만 잡지요?"

낚시꾼이 답합니다.

"이 정도면 우리 가족이 먹기에 적당한데 더 잡아서 뭐 하게요?"

"남은 것은 팔아야지요."

"팔아서 뭐 하게요?"

"생선을 많이 잡아서 팔면 돈을 벌 수 있잖아요."

"그래서요?"

"그러면 부자가 되고, 배를 사서 생선을 더 많이 잡고 회사를 차리죠."

"그다음엔요?"

"돈을 많이 벌면 일하지 않고도 즐기면서 살 수 있고요."

"저는 이미 그렇게 하고 있는데요."

현대판 우화 같은 이 이야기를 읽으면서 나 자신은 뉴욕에서 온 사람과 비슷한가, 아니면 낚시꾼과 비슷한가 생각해보았습니다. 누가 더 행복한 사람일까요? '부'가 행복의 조건이 될 수 있을까요?

행복한 삶을 위한 조건 ❶ : 질 높은 정주 환경

"저녁에 돌아갈 집이 있다는 것."

나태주 시인의 시 「행복」의 첫 구절입니다. 인류가 수렵채집을 하면서 이동하던 시대에도 밤에는 주변의 위협을 피해 안전하게 머물 수 있는 동굴 같은 공간, 즉 집이 있었습니다. 그러다 정착 생활을 하면서 안전만이 아니라 휴식을 위한 적정한 조건, 이웃과의 관계 등을 고려하면서 집을 짓고 마을을 이루게 되었지요.

철학자 마르틴 하이데거는 "인간이 공간에 존재한다는 것은 어느 사물이 그릇에 존재하는 것과는 의미가 다르다"[8]라고 보았습니다. 그런 점에서 인간이 정주하는 공간은 단순히 물리적인 공간이 아닙니다. 주변과 관계를 맺는 매개체이고, 인간은 그 공간을 통해 관계 맺기의 주체가 될 수 있습니다. 그래서 동일한 공간일지라도 사람마다 달리 기억하고, 부여하는 의미도 달라집니다. 평범한 곳도 누군가에게는 특별한 장소가 되는 것입니다.

산으로 둘러싸인 곳이든 바닷가든, 시골이든 대도시든, 사람들은 집을 짓고 가정을 이루며, 마을을 형성하고 정착하여 주변 사람들과 관계를 맺고, 일상을 나누면서 삶을 누려왔습니다. 가족 혹은 이웃들과 정을 나누며 살아가는 공간은 삶의 터전으로 정주 장소일 뿐만 아니라 자신을 확인하는 마음의 고향입니다. 그래서 자신이 살아온 공간은 개인의 역사가 각인된 장소이면서 삶의 기억 저장고인 셈이죠.

인간의 삶은 독자적이지 않아서 자신이 살았던 또는 현재 살고 있는 정주 환경의 영향을 받습니다. 산이 많은 충북 지역에서 태어나 자란 한 친구는 프랑스 파리로 유학을 갔는데, 산이 너무 그리워서 울었다고 했습니다. 주로 낮은 구릉지대인 프랑스에서 산을 보려면 알프스 지역까지 가야 하는데, 가난한 유학생 처지에 파리에서 알프스까지 여행하기는 여의치 않았기 때문입니다. 바닷가에서 오래 생활하다 서울로 유학을 온 한 친구는 가끔 바다를 보고 와야 숨을 쉴 수 있다고도 했습니다.

이렇듯 거주 공간으로서 정주 환경은 단순한 삶의 터전이 아니라 한 사람을 만드는 장소이기 때문에, 인간의 행복을 위한 조건으로 볼 수 있습니다. 그래서 사람들은 더 나은 터전에서 살기를 바라지요.

그렇다면 더 나은 터전이란 어떤 곳일까요?

도시의 역사를 기억하고 저장하는 재생 사업

최근 세계적으로 쇠락하는 도시를 새롭게 개발하는 대신 도시의 역사를 담아내는 재생 사업이 활발하게 이루어지고 있다. 대표적으로 일본 요코하마의 '미나토미라이21'을 살펴보자. 미나토미라이21은 일본어로 항구를 뜻하는 '미나토'와 미래를 뜻하는 '미라이'에 21세기를 붙여서 만든 명칭이다.

'미래항구21'로 번역되는 이 사업은, 일본의 수도인 도쿄 옆에 위치한 일본 최대의 항만도시 요코하마에서 시행한 재생 사업이다. 요코하마는 일본의 근대화 과정에 개발된 도시였지만, 1960년대 들어 그 지역의 조선 사업이 정체기에 접어들고 항만 시설도 노후화되면서 쇠락해 갔다.

이에 도시의 역사를 보존하는 재생 사업을 실시한 것이다. 우선 1980년대에는 조선소를 도심으로 옮기고, 옛 조선소의 공간적 특징을 활용하여 공연장과 쇼핑몰 등을 만들었다. 과거 화물열차가 오가던 철로를 산책로로 만들고, 1913년에 완성된 군사물자 보급기지인 3층짜리 빨간 벽돌 창고도 문화 상업 시설로 재탄생시켰다.

이외에도 도시개발 과정에서 주민의 의견을 반영하여 녹지를 최대한 확보하였으며, 난개발을 막기 위해 가로수, 간판의 크기, 건물 간격, 옥상 형태 등에 대한 세부적인 방침을 정했다. 또한 건물은 바다로 갈수록 낮게, 내륙으로 갈수록 높게 지어 아름다운 스카이라인을 형성하게 하였다.

미나토미라이21 사업은 지역 주민이 참여하고 지역의 역사성도 보존한, 도시 재생 사업의 모범 사례가 되고 있다.

참조 : "日 요코하마 40년 대역사 '미나토미라이21' 완성 눈앞", 《매일신문》, 2008.8.5.

요즘 아파트 홍보 문구를 보면 지하철역에서 몇 분이나 걸리는지, 얼마나 대단지인지, 첨단 시설을 얼마나 갖추고 있는지, 단지 내 교통이 아이들에게 안전한지, 상가나 병원 같은 편의 시설이 얼마나 가까운지 등을 내세웁니다. 물리적인 측면에서 이런 조건들은 행복한 삶의 조건으로서 중요한 정주 환경과 관련이 있습니다. 그러므로 위험하거나 편리성이 낮거나 비위생적인 곳을 개선하여 질 좋은 환경으로 개선하는 정책은 당연히 필요합니다.

하지만 이런 물리적 조건과 더불어, 추억이 있어서 그곳이 그리워지는 '고향'이라는 조건도 행복한 삶을 위해 중요하지 않을까요? 오로지 물리적 조건만 개선하기보다는 그곳에서 살아가는 사람들의 기억까지도 살려내는 정주 환경 개선이 필요하지 않을까요?

행복한 삶을 위한 조건 ❷ : 경제적인 안정

"목구멍이 포도청"이라는 말이 있습니다. 먹고살기 위해서는 범죄도 저지른다는 뜻의 속담입니다.

행복한 삶을 위해서는 최소한 먹고살 수는 있어야 합니다. 현대국가가 '복(福)지국가'라는 표현을 쓰는 것도 행복한 삶의 조건에서 경제적인 측면을 무시하지 못하기 때문일 것입니다. 인간 삶의 마지노선으로 경제적 안정이 중요하기 때문에 많은 국가가 최저생계비를 고려하여 저소득층을 지원하는 것이고요.

행복의 조건으로 경제적인 안정을 이야기할 때면 항상 "정말 돈이 많으면 행복할까?"라는 질문이 나옵니다. 여러 나라 사람들을 대상으로 조사한 행복의 순위를 보면, 국가의 경제적 상황을 알려주는 국민총생산(GNP) 같은 경제지표가 행복감과 비례하지는 않습니다. 그런데도 국가는 경제성장을 강조하고, 개인도 돈을 삶에서 중요한 목적으로 삼지요. 경제적인 안정은 행복을 위한 하나의 조건 정도로 보는 게 좋습니다.

질문을 바꾸어보겠습니다. 소득과 행복감은 비례할까요? 이와 관련하여 두 가지 주장이 있습니다.[9] 하나는 이스털린의 역설(Easterlin's paradox)이라고 하는데, 일정한 소득은 행복을 위한 조건이지만 꼭 비례하지는 않는다는 것입니다. 이와 반대로 소득은 행복한 삶의 기본적인 조건이기에, 소득이 높을수록 행복감도 높아지는 게 일반적이라고 주장하는 학자도 있습니다. 여러분은 어떻게 생각하나요?

여기서 한 가지 더 생각해볼 점이 있습니다. 경제적 안정은 소득이 높은 것만을 뜻하지 않는다는 점입니다. 행복이 주관적이라고 했지요. 마찬가지로 경제적 안정에도 주관적인 측면이 존재합니다. 그래서 절대적 빈곤만이 아니라 공동체의 다른 구성원들에 비해 내가 더 빈곤하다고 느끼게 되는 상대적 빈곤도 고려해야 합니다.

내가 속한 사회에서 분배가 불공정하다고 느끼거나 노력해도 더 나은 위치로 올라가기 어려울 정도로 사회적 불평등이 심화된 것은 아닌지도 중요한 문제입니다. 그러므로 나의 소득만 높으면 될 일이 아니라, 사회 전반적으로 적정한 소득을 고르게 가져서 경제적인 안정을 누리는 것은 중요한 행복의 조건이라고 할 수 있습니다.

빈곤의 두 가지 모습, 절대적 빈곤과 상대적 빈곤

일반적으로 빈곤은 절대적 빈곤과 상대적 빈곤으로 구분한다. 절대적 빈곤은 최저한의 생활도 유지하기 어렵다고 판단되는 수준의 소득을 버는 경우를 의미한다. 이때 그 기준은 국가에서 정한다. 우리나라에서는 매년 최저생계비를 정하는데, 그 기준에 미치지 못하는 소득을 버는 경우다. 전체 가구 중 소득이 최저생계비에 미치지 못하는 가구의 비율을 절대빈곤율이라고 한다.

상대적 빈곤은 그 사회의 구성원과 비교하여 상대적으로 소득수준이 낮은 상태를 의미한다. 우리나라에서 전체 가구를 소득에 따라 한 줄로 세울 때 중간에 위치한 가구가 버는 소득의 반에 미치지 못하는 소득을 버는 사람들을 말한다. 또한 전체 가구 중 소득이 중위 소득의 절반에 이르지 못하는 가구의 비율을 상대빈곤율이라고 한다.

쉽게 말해 절대적 빈곤이 최소한의 인간적인 삶을 누리기 위해 필요한 소득도 벌지 못하는 상태라면, 상대적 빈곤은 다른 사람들의 소득과 비교하여 그 사회에서 중앙값에 있는 사람들의 소득보다 못 버는 것이다.

과거에는 많은 나라들이 절대빈곤율을 신경 썼으나 국가의 경제가 일정 수준에 오르면서 상대빈곤율에 점점 관심을 가지게 되었다. 상대적 빈곤을 경험하는 사람이 많아진다는 것은 사실상 그 사회가 경제적 불평등이 크다고 볼 수 있기 때문이다. 이로 인해 사회 구성원 간에 갈등이 심화될 가능성이 높으므로 지속적인 관리가 필요하다.

행복한 삶을 위한 조건 ❸ : 민주주의의 실현

민주주의는 '국민의' 지배를 받는 정치 제도로, 시민이 주권을 가지고 스스로 주권을 행사하여 정치적 의사결정을 하는 것, 또는 그것을 지향하는 이념입니다. 인류 역사를 보면 신분제하에서 왕과 같은 절대자가 자신이나 특정한 지배 집단을 위한 의사결정을 하면서 통치하는 독재주의나 전제주의에 대응되는 것이 민주주의입니다.

독재주의나 전제주의 상태에서 대다수의 개인들은 자신이 원하는 것을 자유롭게 말할 수 없고 항상 권력을 가진 독재자의 의도를 따르게 됩니다. 역사 속에는 독재주의나 전제주의 국가에 저항하거나 개인의 자유를 주장하다가 죽음에 이르거나 투옥된 사람들이 수없이 많지요. 수많은 독재자들이 권력을 남용하면서 부정부패가 심해지고 정권을 유지하기 위해 전쟁을 벌이는 등 국민의 삶은 전혀 고려하지 않았습니다. 그러한 상황에서 개인이 행복을 추구할 수 있을까요? 그러므로 민주주의는 행복의 조건일 수밖에 없습니다.

민주주의의 근원은 아테네의 직접민주주의에서 찾을 수 있습니다. 그런데 역사학자들은 아테네에서 직접민주주의가 가능했던 것은 수많은 노예들 덕분이라고 합니다. 그들이 노동을 대신해주어 시민들은 노동에서 자유로웠기 때문에 정치에 참여할 수 있었다는 거죠.

근대사회로 넘어가자 많은 나라가 직접민주주의 대신에 선거를 통해 정치 대리인을 뽑는 대의민주주의를 택했습니다. 대의민주주의에서도 주권을 가진 시민들은 여론 형성, 시민운동 등을 통해 다양하게 정치에 참여함으로써 민주주의를 발전시켜 왔습니다.

민주주의는 정치 영역에서만이 아니라 일상적인 생활 원리로도 적용됩니다. 어떤 문제가 생겼을 때 몇 사람이 독재적으로 해결 방법을 결정하지 않고, 여러 사람들이 서로 인격과 의사를 존중하면서 대화하고 타협하며 의견을 조정하는 과정이 바로 일상에서의 민주주의입니다.

교실에서 학생들끼리 소풍을 어디로 갈지 의견을 내고 합의하여 의사 결정 경험을 하는 것도 일상에서의 민주주의 사례입니다. 학생 시절에 이런 과정을 경험해야 '모든 구성원은 자신이 평등하다고 느끼며 자유롭게 의견을 내는 것이 정치적 주권을 가진 존재로서 당연한 행위'라는 것을 배울 수 있습니다.

일상적인 생활 원리로서 민주주의까지 고려하면, 민주주의란 모든 사람이 서로를 주인으로서 대접하고 존중하는 공동체를 만드는 것이라 할 수 있습니다. 바로 이 점에서 민주주의는 행복한 삶을 위한 중요한 조건입니다. 교실에서, 가정에서, 친구들과의 관계에서도 말이지요.

행복한 삶을 위한 조건 ❹ : 도덕적 삶과 성찰

"돈이 행복에 영향을 미칠까?"라는 논의에서 더 나아가 조금 다른 생각을 해봅시다. 자신을 위해 돈을 쓰는 것과 다른 사람을 위해 돈을 쓰는 경우에 행복감이 다를까요?

한 심리학자가 관련 실험을 했습니다.[10] 결과는 여러분도 눈치챘을 것입니다. 자신을 위해 돈을 쓴 사람들에 비해 다른 사람을 위해 돈을 쓴 사람들이 행복감을 더 많이 느꼈다고 합니다. 사실 여기서 핵심은 '돈을 쓰는 것'이 아니라 '타인을 위한' 행위입니다.

뉴스에서 들리는 소식은 어떤가요? 남을 속이고 사기 친 사람, 범죄를 저지르고 돈을 훔쳐 숨어버린 사람, 보험금을 타기 위해 사람을 죽인 사람이 있습니다. 이와 반대로 다른 사람의 생명을 구하고 죽은 사람, 전 재산을 기부한 사람, 역경을 견뎌내고 성공한 사람도 있습니다. 두 집단의 차이는 무엇입니까? 여러분은 어떤 사람들의 삶을 지지하며 닮고 싶은가요?

우리는 다양한 목표를 세우고 하루하루 살아갑니다. 그런데 삶에서 자신의 목표와 행위가 도덕적인지 아닌지 판단하고 성찰하는 이들이 있는가 하면 도덕과 무관하게 살아가는 이들이 있습니다. 수많은 철학자들이 도덕적 성찰과 행위를 최고의 선으로 보았으며, 그런 선택을 한 사람들이 위인으로 존경받습니다. 그리고 그들뿐만 아니라 그러한 선택으로 혜택을 누린 수많은 사람들이 기쁨과 행복감을 느낍니다.

일제 강점기에 윤동주 시인은 "하늘을 우러러 한 점 부끄럼이 없기를" 기도했습니다. 이처럼 엄격하게 도덕적으로 성찰하며 살기는 힘들겠지요. 삶은 환경이나 제도에 영향을 받기에 완전히 개인적으로 도덕적 선택만 하며 살기는 어렵습니다. 그러나 진정한 행복을 느끼는 가장 쉬운 길은, 어쩌면 자신을 도덕적으로 성찰하고 도덕적 행위를 하는 순간일 것입니다.

행복은 내 안에서, 다른 사람과 함께

사실 행복은 감정입니다. 주관적 인식이기도 하고요. 그렇다고 해서 온전히 개인의 삶의 조건으로만 결정되는 것은 아닙니다. 어떤 경우엔 행복을 삶의 질로 파악하기도 하는데, 실은 개인적인 측면에서만이 아니라 사회적인 측면이나 환경 등 모든 것이 고려 대상이 됩니다.

앞에서 질 높은 정주 환경, 경제적 안정, 민주주의, 도덕적 성찰과 행위 등을 행복의 조건이라고 얘기했지요. 알고 보면 이러한 조건들이 모두 타인이나 공동체와 관련되어 있습니다. 그래서 행복은 내 안에서 찾아야 하는 것이면서, 동시에 다른 사람들과 함께 누려야 하는 것입니다.

친구들과 즐거운 시간을 보내는 순간, 우리 마을 사람들의 기억이 담겨 있는 장소를 보존하자는 생각이 드는 순간, 무언가 행동할 때 그것이 미칠 사회적 영향력도 같이 생각하는 순간, 불의를 보고 나와 상관없다 느끼지 않고 여러 사람이 같이 문제 삼는 순간, 누구나 노력하면 성공할 수 있는 사회에 살고 싶다고 주장하는 순간, 정의롭지 못한 정부를 향하여 국민에게 주권이 있음을 주장하는 그 순간……. 그런 순간들이 모여서 행복한 삶의 조건을 만들어냅니다.

행복은 개인이 누리는 것이지만, 다른 사람들 속에서 누리는 것임을 잊지 말아야 합니다.

지금 당신은 행복합니까?

다른 사람들과 함께 행복합니까?

조사 활동 '행복'을 위한 삶의 조건 만들기

1. 내가 생각하는 행복을 위한 구체적인 조건을 20가지 정해본다.

   예 아플 때 돈이 없어서 치료를 받지 못해서는 안 된다

   공부를 못 한다고 무시당하거나 차별받아서는 안 된다

2. 자신이 만든 조건 20개에 대하여 100명을 대상으로 순위를 정하게 한다. (조사표를 만들어서 사람들에게 순위를 적게 하고 순위의 평균을 내서 전체 순위를 정한다.)

3. 자신이 만든 조건을 1~20위로 배치하고, 이를 위한 구체적인 방안을 제시하여 행복한 삶을 위한 조건을 정리한다.

나는 어떤 국가에서 살고 싶은가?

유엔 세계행복보고서, 국가별 행복지수, 덴마크의 행복지수,
부탄의 행복지수, 헬조선이라는 대한민국

'**헬**조선'이라는 말이 유행입니다. 헬조선은 지옥을 뜻하는 헬과 조선의 합성어입니다. 한국은 지옥과 가까울 정도로 희망이 없는 사회, 살기가 힘든 나라라는 의미로 사용합니다.

청년 실업이 늘어나면서 아무리 노력해도 자신의 상황을 개선할 수 없는 청년들이 한국 사회의 구조적 현상을 적나라하게 표현한 말이지요. 헬조선을 검색하면 연관 검색어로 '탈조선' '지옥불반도' '개한민국' '망한민국' 등이 나옵니다. 탈조선은 헬조선을 떠나 다른 나라로 이민을 간다는 뜻이고, 지옥불반도나 개한민국, 망한민국은 헬조선의 또 다른 표현입니다.

청년들이 나라를 떠나고 싶다고 생각하는 이유는 또 다른 연관 검색어인 '흙수저' '금수저'에서 알 수 있습니다. 일명 수저계급론으로, 한국 사회

의 청년 실업과 계층 문제를 바라보는 주요 용어입니다. 수저계급론은 "은 수저를 물고 태어나다(born with a silver spoon in one's mouth)"라는 영어 표현에서 나온 것으로 보입니다. 이는 유럽의 귀족들이 아이에게 은 수저를 사용하게 한 데서 유래한 말입니다.

흙수저는 전혀 값어치가 없는 흙으로 만든 수저를 물고 태어났다는 뜻으로, 부모의 경제적 수준이나 직업, 사회적 명망 등에서 어떠한 도움도 받지 못하는 상황을 말합니다.

부모가 자녀의 사회적 성공에 배경이 되어주는 정도에 따라 금수저, 은수저, 동수저라고도 표현합니다. 개인의 노력보다는 부모의 계층이 대물림되는 사회를 희화화한 것이지요. 최근에는 수저계급론에서 가장 낮은 똥수저론까지 나왔습니다.

헬조선과 흙수저를 이야기하는 사회, 노력해도 대가를 정당하게 얻지 못하고 희망이 없는 사회에서 가장 큰 문제는 상대적 박탈감입니다. 그리고 이 이야기를 듣는 부모들은 자신이 자녀에게 아무런 배경이 되어주지 못한다는 죄책감을 느낍니다. 헬조선에서 탈조선하지 않으면서도 행복해지려면 우리, 그리고 우리 사회는 무엇을 해야 할까요?

국민의 행복을 위해 국가가 할 일은?

UN에는 여러 산하 기관이 있습니다. 그중에 '지속 가능한 발전 해법 네트워크(Sustainable Development Solution Network, SDSN)'라는 기구가 있습니다. 2012년에 만들어진 기구로 UN에서 강조하는 지속 가능한 발

UN의 세계행복보고서와 행복지수

UN의 '지속 가능한 발전 해법 네트워크(SDSN)'는 2012년부터 나라별로 1인당 국내총생산(GDP), 기대 수명, 사회적인 지원, 정부와 기업의 투명성 등을 종합적으로 평가해 국가별 행복도를 산출하여 발표하고 있다. 구체적인 항목은 다음과 같다.

첫째, '1인당 국내총생산'은 전년도에 세계은행이 발표한 각 나라의 국내총생산 자료를 바탕으로 달러의 구매력 등을 환산한 값을 사용한다. 한 나라의 경제 규모와 발전 정도를 파악할 수 있다.

둘째, '건강을 고려한 기대 수명'은 세계보건기구(World Health Organization, WHO) 등의 자료를 통해 건강한 수준에서의 기대 수명을 고려하고, 기대 여명 등을 참조하여 자료를 산정한다. 이 자료는 국가별로 한 사람의 보건이나 복지 등을 파악할 수 있는 지표이기도 하다.

셋째, '사회적인 지원'은 갤럽의 조사를 통해 얻은 주관적인 응답의 평균을 사용한다. "만약 당신이 어려움에 처해 있다면, 당신을 도와줄 친척이나 친구가 있는가?"라는 질문에 '예' '아니오'를 선택하고 각각 1, 0점을 부과한다. 제도적인 측면의 지원이 아니라 사회적인 인간관계에 초점을 두고 있다.

넷째, '삶을 선택할 자유' 또한 갤럽의 조사를 통해 얻은 주관적인 응답의 평균을 사용한다. "당신이 어떤 삶을 살 것인지 선택할 수 있는 자유에 만족하는가, 만족하지 않는가?"라는 질문에 '만족한다' '만족하지 않는다'를 선택하고 각각 1, 0점을 부과한다. 한 사회에서 느끼는 삶 전반의 자유 정도를 측정하려는 것이다.

다섯째, '관대함'은 국내총생산의 국가별 평균값을 고려하여 "지난달에 자선 단체에 기부한 적이 있는가?"라는 갤럽의 조사에 응답한 값을 사용한다. 공동체를 이루고 살아가는 타인에 대한 관심과 책임 등을 파악할 수 있다.

여섯째, 투명성은 '부패에 대한 인식'으로 파악되는데, 이 또한 갤럽을 통해 "정부에 부패가 널리 퍼져 있는가, 아닌가?" "기업에 부패가 널리 퍼져 있는가, 아닌가?"라는 두 가지 질문에 주관적으로 응답하게 하고 있다. 한 사회가 투명하고 민주적으로 움직이는지를 정치와 경제적인 측면에서 파악하려는 것이다.

일곱째, 사람들의 '단기적인 감정'도 고려하는데, 이는 갤럽의 조사를 통해 조사 시간 전에 경험한 긍정적 감정과 부정적 감정에 대한 주관적 평가를 사용한다. 주로 웃은 횟수, 오늘의 우울 정도 등에 관한 것으로 여섯 개의 질문으로 구성되어 있다.

출처 : 2017 〈세계행복보고서〉

전을 위해 과학기술과 지구촌 경제·사회·환경의 조화로운 연계를 강조하며, 개별 국가들이 자국민의 삶의 질을 개선하도록 지원합니다.

이 기관은 설립되고부터 매년 〈세계행복보고서〉를 발표하고 있습니다. 〈세계행복보고서〉는 나라별로 기대 수명, 소득과 같은 객관적인 지표와 함께 자유, 사회적 지지 등에 대하여 국민을 대상으로 하는 주관적인 측면의 설문 조사 결과, 그리고 UN이 측정한 국가별 인권지수 등을 고려하여 각 나라 국민들이 느끼는 행복 정도에 순위를 매깁니다.

2017년 3월에 발표한 〈세계행복보고서〉에 따르면 우리나라는 155개국 중 56위입니다. 짐작하겠지만 상위권에는 북유럽 국가들이, 하위권에는 아프리카 국가들이 많이 포진해 있습니다. 1위를 한 나라는 덴마크입니다. 그다음이 아이슬란드, 스위스, 핀란드, 네덜란드 순입니다. 우리나라는 전년도 보고서에서 56, 41, 47, 58위를 했습니다. 40~50위권에서 박스 권을 형성하면서 조금씩 움직이는 정도입니다. 우리나라의 순위가 낮은 편인 까닭은 '투명성(청렴)' '사회적 지지' '자유' 같은 사회적 측면에서 점수가 낮았기 때문입니다.

덴마크는 거의 해마다 1위를 기록했습니다. 덴마크 국민들의 행복지수가 높은 이유는 무엇일까요? 덴마크의 말레네 뤼달은 『덴마크 사람들처럼』[10]이라는 책에서 10가지 키워드를 제시했습니다. 신뢰, 교육, 자유와 자율성, 기회균등, 현실적인 기대, 공동체 의식, 가정과 일의 균형, 돈에 초연한 태도, 겸손, 남녀평등이 그것입니다.

한국의 오연호라는 저자는 직접 덴마크에 가서 그곳 사람들과 인터뷰를 한 후에 『우리도 행복할 수 있을까』라는 책을 썼는데요, 이 책은 덴마크의 행복을 자유, 안정, 평등, 신뢰, 이웃, 환경이라는 여섯 가지 키워드로 설명했습니다. 이 키워드를 같이 살펴볼까요?

행복지수 1위 덴마크 국민의 행복 비결 여섯 가지[12]

자유 : 학교나 진로 등 삶에서 자유로운 선택이 가능하고, 그에 대해 사회가 차별하지 않는다.

안정 : 튼튼한 사회복지로 인해 위험한 상황에서도 안정적인 지원망의 도움을 받는다.

평등 : 사회적 불평등이 적고 차별이 거의 없기에 남을 부러워하지 않으며 각자 자신의 일에 자부심을 가지고 동등한 구성원으로서 역할을 수행한다.

신뢰 : 사회복지가 잘되어 있어 세금 부담률이 매우 높은데도 세금을 내

면 정부가 제대로 사용하여 좋은 나라를 만든다는 믿음을 가지고 있으며, 정부 또한 그런 평가를 받기 위해 최선을 다한다.

이웃: 다양한 협동조합이나 공동체 활동 등 사회적 경제나 사회적 네트워크를 통해 연대하고 협동하는 것을 강조하여 외롭지 않다.

환경: 자연에너지를 주로 사용하고, 친환경적인 삶을 통해 환경을 지키는 일을 중시한다.

여섯 가지 키워드는 UN의 SDSN이 〈세계행복보고서〉를 작성하면서 고려하는 평가 기준인 '경제·사회·환경에서의 조화로운 연계'와 '개별 국가의 사회적 신뢰와 평등'과 일치합니다. 이러한 키워드로 가정, 학교, 직장, 지역 공동체 등이 유지되기에 그 구성원이 행복할 수 있는 것이겠지요.

UN의 SDSN은 〈세계행복보고서〉를 통해 많은 나라가 국민을 위해 무엇을 어떻게 해야 하는가에 대한 답을 제공합니다. 그리고 매년 발표하는 순위의 세부적인 점수들을 통해 국민이 진정한 행복을 위해 국가에 무엇을 요구해야 하는지를 알려줍니다.

국가는 국민의 행복을 위해 존재한다, 부탄에서는 무엇을 배울 것인가?

덴마크와는 다른 의미에서 행복을 말할 때 빠지지 않는 나라가 있습니다. 바로 부탄입니다. 부탄은 UN의 〈세계행복보고서〉에서는 70~80위권입니다. 순위로만 보면 우리나라보다 행복도가 낮습니다. 하지만 UN의 〈세계행

부탄 푸나카의 로베사 마을에 있는 전통 시장. 부탄은 1인당 국민소득이 우리나라의 10분의 1 수준이지만, 국민들이 느끼는 행복의 수준은 우리보다 월등히 앞서 있다.

복보고서)가 나오기 전 신경제재단(New Economic Foundation, NEF)이 2010년에 실시한 국가별 행복지수 조사에서는 부탄 국민의 97퍼센트가 행복하다고 답하여 세계 1위를 차지했습니다.

UN의 〈세계행복보고서〉와 왜 순위가 다를까요? 바로 두 기관의 조사 내용과 방법이 다르기 때문입니다. UN의 보고서는 객관적인 지표와 주관적인 인식을 묶어서 순위를 정하는데, NEF의 국가별 행복지수는 오로지 국민들에게 행복 여부를 질문한 결과만을 따지기 때문에 주관적 행복감만을 고려합니다. 참고로 같은 조사에서 우리나라는 68위였습니다.

부탄은 1인당 국민소득이 우리나라의 10분의 1 정도입니다. 그래서 부탄을 설명할 때 '가난하지만 행복한 나라'라고 표현합니다. 『부탄 행복의 비밀』[13]이라는 책에 따르면, 부탄 국민들이 가난한데도 행복한 이유를 알 수 있습니다. 무상교육과 무상의료와 같은 복지 정책이 잘 마련되어 있고, 첫눈이 오면 공휴일인 데다가, 국민이 찬성하지 않으면 정부가 정책을 집행하지 않으며, 국토의 60퍼센트 이상 산림을 유지하는 등 국민 눈높이에 맞춘 정책으로 국가를 운영합니다. 그래서 행복지수 1위가 가능한 것입니다.

부탄은 국가 정책 목표도 경제성장이 아니라 행복지수 증진에 두고, 물질적 행복이 아니라 정신적 행복에 초점을 둡니다. 부탄은 국민총행복지수라는 것을 만들어 정책 목표로 관리하는데요, 여기에는 전통문화 보존, 환경보호, 부의 공평한 분배 등이 포함됩니다. 이를 구체화하기 위해 헌법 제9조에 "정부는 국민총행복지수를 성취하는 데 필요한 모든 역량을 총동원한다"라고 정해두었습니다.

우리나라 헌법 제10조 "모든 국민은 인간으로서의 존엄과 가치를 가지며 행복을 추구할 권리를 가진다"라는 조항과 유사하지만, 부탄은 정부가 이를 위해 최선을 다해야 한다는 점을 강조한다는 차이가 있습니다. 그래서인지 부탄은 국민을 행복하게 하지 못한다면 그 정부는 존재할 이유가 없다고 주장합니다.

사회 불평등이 심화됨에 따라 종종 헬조선이라는 비판의 목소리가 나오는 우리나라도 정부의 존재 의미를 다시 생각해야 할 것입니다.

헬조선을 넘어 행복한 대한민국을 위하여

행복한 나라로 꼽히는 덴마크나 부탄의 사회적 조건을 헬조선이라고 불리는 우리나라와 비교해보면, 우리나라에 몇 가지 변화가 필요하다는 점을 알 수 있습니다.

첫째는 평등과 공정한 분배입니다. 덴마크나 부탄 모두 경제 규모와 상관없이 국민에게 다양한 복지 혜택을 줍니다. 그래서 대부분의 국민들이 크게 불평등하지 않은 삶을 살고 있습니다. 사회가 평등하면 사람들은 각자 삶의 목표와 개성에 따라 자유롭게 살 수 있습니다. 남과 비교하지 않으면서 온전히 자신을 위해 살 수 있기 때문입니다.

둘째, 사회 안전망입니다. 사회 안전망은 다양한 복지 제도를 통해서 개인이 위기에 처하더라도 국가가 안전하게 살 기회를 제공할 것이라는 신뢰를 줍니다. 그러면 사람들은 세금 내는 것을 아까워하지 않을 것이며, 더불어 사는 다른 사람에 대한 연대감도 가질 수 있습니다.

셋째, 환경 친화적인 정책입니다. 두 나라 모두 자연환경이나 생태계 보호를 강조합니다. 아마도 인간이 자연을 지배하여 얻는 가치나 물질적인 성공보다는 자연과 함께 공존하는 가치가 인간의 삶을 더 윤택하게 하고, 이것이 국민을 행복하게 만들기 때문일 것입니다.

넷째, 각자 마음에서 행복을 위한 노력을 해야 합니다. 덴마크는 남과 비교하지 않고 겸손함을 유지하는 경향이 있고, 부탄은 정신적 행복을 추구합니다.

다섯째, 무엇보다도 정부가 평범한 국민을 위해 존재해야 합니다. 덴마크와 부탄은 둘 다 입헌군주국이지만, 정치적 활동에서 지배층이나 기득

권층보다는 보통 국민들을 위한 정치를 중요한 정책 방향으로 여기고 실천합니다.

우리는 행복이 삶의 중요한 목표라는 것을 알고 있습니다. 그런데 관련 지표를 살펴보면 우리나라는 경제성장에 비해서 국민이 느끼는 행복도가 상당히 낮습니다. 이유가 무엇일까요? 바로 수저계급론, 헬조선이라는 표현에서 알 수 있듯이, 불평등과 불의 때문입니다.

그러나 덴마크 등 많은 나라의 자료를 읽다 보면 희망을 갖게 됩니다. 이들 나라도 지금 같은 평등과 신뢰를 쌓은 지 그리 오래되지 않았으며, 수많은 위기를 겪으며 국민과 정부가 노력하여 지금의 결과를 만들어냈기 때문입니다.

탈조선만이 방법이 아닙니다. 우리 스스로 행복한 나라, 대한민국을 만들어야 합니다. 그리고 정부에 그런 나라를 만들어달라고 요구해야 합니다. 그래야만 우리가 가는 이 길에서 행복한 나라, 대한민국을 발견할 수 있을 것입니다.

조사 활동 국민이 행복한 대한민국 만들기

1. 국민이 행복한 대한민국을 만들기 위한 질문을 다섯 개 정도 만든다.

    예 "국민이 행복하다는 것은 무엇을 의미한다고 생각하세요?"

    "우리나라 국민이 행복하기 위해서 가장 중요하게 바뀌어야 할 것은 무엇이라고 생각하세요?"

    "국민이 행복한 대한민국이 되기 위해서 국민들이 중요하게 여겨야 할 가치는 무엇이라고 생각하세요?"

2. 주변 사람들 10명에게 위의 질문을 하고 답변을 정리한다. 필요하다면 사전 허락을 구하고 녹음한다.

3. 답변 중에 연관되는 내용을 묶어서 그에 대한 주제어를 뽑고 관련 내용을 정리한다.

    예 불평등 완화, 부패 없애기

4. 뽑은 주제어를 바탕으로 국민이 행복한 대한민국을 위한 제안서를 작성한다.

꾸뻬 씨의 행복 여행

문학	미술	영화	뮤지컬
V			

프랑수아 를로르의 소설로 2004년에 출간되었다. 동명의 영화로도 만들어졌다.

줄거리

저자는 프랑스의 정신과 의사다. 책의 주인공인 꾸뻬 씨도 정신과 의사다. 바쁘게 환자들을 돌보던 주인공은 자신이 행복하지 않음을 깨닫고 여행을 떠난다. 여행길에서 다양한 사람들을 만나고, 그때마다 얻은 행복에 관한 23가지 배움을 기록했다. 그중 두 가지는 다음과 같다.

배움 1. 행복의 첫 번째 비밀은 자신을 다른 사람과 비교하지 않는 것이다.
배움 12. 좋지 않은 사람에 의해 통치되는 나라에서는 행복한 삶을 살기가 더욱 어렵다.

여행을 마치고 돌아온 꾸뻬 씨는 알프레드 디 수자(Alfred D. Souza)의 시 중 일부를 카드에 담아 사람들에게 선물한다. 그 내용은 다음과 같다.

춤추라, 아무도 바라보고 있지 않은 것처럼

사랑하라, 한 번도 상처받지 않은 것처럼

노래하라, 아무도 듣고 있지 않은 것처럼

살라, 오늘이 마지막 날인 것처럼

📚 주제 던지기

앞에서 살펴본 내용과 『꾸뻬 씨의 행복 여행』을 보면, 행복과 관련하여 두 가지 주장을 할 수 있다.

주장 ① 개인의 행복에는 각자의 노력이 우선되어야 한다.

왜냐하면 행복이라는 것은 개인이 주관적으로 느끼는 감정이기 때문이다. 그러므로 자신과 타인을 비교하지 않고, 삶의 목표를 스스로 설정하고 이에 도달하려고 노력할 필요가 있다. 그러면 한 인간으로서 어떤 삶을 살아야 하는가에 대한 자신만의 답을 찾아가면서, 순간순간마다 경험하는 행복을 찾아낼 수 있다.

주장 ② 개인의 행복을 위해 국가가 최선을 다해야 한다.

왜냐하면 아무리 행복이 주관적인 감정이라고 해도 개인은 사회적 존재라서 다른 사람과 비교하고, 사회적 조건에 의해서 행복을 달리 느끼기 때문이다. 그러므로 유능한 정부가 국민의 삶의 질을 높이기 위해 노력해야 한다. 정치적인 자유, 경제적 발전과 함께 평등한 분배, 좋은 환경 조건을 유지하는 것 등이다. 이런 사회적 조건 속에서 개인들은 행복한 삶을 누리게 될 것이다.

📚 토론 주제

행복한 삶을 위해서 개인의 노력이 더 중요한가, 국가의 노력이 더 중요한가?

우리를 둘러싼 자연환경 이해하기

♥ 자연환경과 인간 생활

사람이 손으로 만든 모든 것은 반드시 아름답거나 추한 모습을 띤다.
자연과 조화를 이루면 아름다운 것이고,
자연과 조화를 이루지 못하거나 자연에 위협을 가하면 추하다.
—윌리엄 모리스(영국의 화가이자 예술가)

1 자연환경은 인간의 삶에 어떤 영향을 주는가?

의식주, 가치관과 제도, 자연환경을 극복하려는 노력

오래전에 일 때문에 캐나다의 에드먼턴이라는 도시에 갔습니다. 캐나다 중부 내륙에 위치한 이 도시는 새벽 2시가 되어도 완전히 해가 지지 않아 잠들기가 어려웠습니다. 암막커튼으로 가려도 충분히 깜깜해지지 않았지요. 그리고 도심을 이동하면서 보니, 대다수 사람들이 지상 도로보다 지하 연결 통로를 많이 이용했습니다. 주요 상가도 지하에 많이 있었고요. 지하 연결 통로를 보여주는 지도도 잘 마련되어 있어서 이동하기가 매우 편했습니다. 현지인에게 물어보니, 겨울에 눈이 많이 내릴 때 지하 통로가 편하다고 했습니다.

한편 뉴질랜드에 가면 초기에 뉴질랜드로 이주한 중국인들이 만든 집을 볼 수 있습니다. 그런 집에는 창이 없습니다. 이들이 북반구에 위치한 중국에서 살 때 남향집을 짓던 습관 때문입니다. 북반구에는 남향집을 지어야 낮에 드는 해로 보온할 수 있는데, 뉴질랜드는 남반구에 있다는 것을 모르고 남향으로 창을 내서 집을 지은 것입니다. 뉴질랜드에서 남향 창은 아무 쓸모가 없고 도리어 겨울에 더 춥다는 걸 알게 되자, 아예 널빤지로 창을 가려서 창이 없는 집이 된 것입니다.

자, 이 두 가지 이야기에서 어떤 공통점을 찾을 수 있을까요? 자연환경에 따라 변화하는 생활양식을 발견했나요?

자연환경에 적응하며 탄생한 다양한 의식주

자연환경은 크게 지형과 기후로 나눌 수 있습니다. 지형은 산지, 평야, 해안 등이 있고, 강수량과 기온 등에 의해 기후대가 형성됩니다. 그리고 둘 다 사람들의 삶에 큰 영향을 미치지요.

인간은 자연환경에 적응하면서 살아왔습니다. 그래서 해안에서는 어업을 하고, 평야에 사는 사람들은 농업에 종사하는 경우가 많은 겁니다. 산지에서는 목축업이나 임업 등에 종사했고요.

그러나 자연환경이 같다고 해서 사는 모습까지 같지는 않습니다. 같은 평야라도 기후대에 따라 생산하는 작물이 다릅니다. 우리나라도 북이나 남으로 한계선이 있어서 특정 작물이 그 한계선 안에서만 자라고, 같은 바다라도 잡을 수 있는 생선의 종류가 다릅니다. 먹는 음식만이 아니라 집이나 옷을 만드는 데 들어가는 재료도 달라지죠. 이렇듯 자연환경은 사람들의 의식주에 두루 영향을 미칩니다.

기후는 집 모양에 영향을 줍니다. 지붕만 봐도 그렇지요. 비가 거의 오

눈이 많이 오는 지역에서 볼 수 있는 급경사 모양의 지붕. 자연환경에 따라 의식주의 모습은 크게 달라진다.

지 않는 지역에서는 지붕이 평평하고, 눈이 많이 오는 지역에서는 눈의 무게가 지붕을 누르지 않고 쉽게 지면으로 떨어질 수 있도록 지붕이 급경사를 이루게 만듭니다. 스콜 등으로 순식간에 비가 많이 오는 지역은 처마를 앞으로 길게 내어 비를 피할 공간을 만드는 등 강수량에 따라 지붕 모양이 다릅니다.

돌집, 통나무집, 얼음집, 흙집 등 집을 만드는 재료 또한 자연환경에 따라 달라집니다. 창의 크기나 방향 또한 기후나 지형과 같은 자연환경의 영향을 받지요.

온돌과 마루가 있는 우리나라의 한옥은 추운 겨울과 더운 여름이라는 환경에 적응해야 했던 선조들의 지혜입니다. 추운 겨울을 보내기 위해 움

동장군 때문에 전쟁에서 패한 나폴레옹

19세기 초 시민혁명 이후 프랑스의 황제가 된 나폴레옹은 영국을 비롯한 유럽의 여러 나라와 전쟁을 치른다. 민족주의적 성격으로 시작된 이 전쟁이 심화되면서 나폴레옹은 영국을 고립시키기 위해 유럽대륙과 영국의 교역을 막는 대륙봉쇄령을 내리게 된다.

그러나 러시아가 이 정책을 무시하고 영국과 교역하자, 나폴레옹은 60만 명이 넘는 원정군을 이끌고 러시아를 침공한다. 여름에 전쟁을 시작해 섭씨 40도를 넘는 더위를 견디며 전진하던 나폴레옹의 군대는 9월에 모스크바에 입성했다. 하지만 보급로가 끊겨 결국 모스크바에서 프랑스로 철수를 결정했다.

그 과정에서 나폴레옹의 군대가 10월 이후 추워지는 러시아의 겨울에 대비하지 못해 문제가 발생했다. 철수 과정에서 영하 20도의 한파로 인해 프랑스군 40만 명이 희생되었다. 러시아는 프랑스군에 비해 병력이 약했지만 익숙한 한파를 견디며 전쟁을 승리로 이끌었다.

이 당시 영국의 신문기자가 러시아의 한파가 전쟁 승리에 기여했다는 점을 고려하여 'General Frost'라는 표현을 썼다. 향후 이 표현이 일본인에 의하여 '동장군'으로 번역되었다고 한다. 한파라는 자연환경이 전쟁의 승패를 결정지은 사건은 이외에도 역사에 무궁무진할 것이다.

참조 : 이윤옥, "동장군은 겨울장군? 국립국어원, 창피합니다", 《오마이뉴스》, 2012.11.30.

집처럼 땅의 지열의 이용하는 원리가 반영된 온돌을 만들었고, 더운 여름에 적응하기 위해서 지열을 적게 받는 마루를 고안하였습니다. 이 둘의 결합이 한옥의 기본이 된 것입니다.

인간이 자연환경에 적응하면서 살아가는 모습은 음식에서도 나타납니다. 스위스에서는 치즈를, 지중해 지역에서 올리브유를 많이 사용하는 것도 지역 생산물을 이용한 결과입니다. 더운 지역일수록 음식이 상하는 것을 막기 위해서 향신료를 많이 사용하는 경향이 있고, 지하수의 상황이 나쁜 지역일수록 차 음료가 발달하는 것도 바로 자연환경에 적응하기 위한 노력으로 볼 수 있습니다.

한 나라 안에서도 이런 경향이 나타납니다. 우리나라 사람들은 다들 김치를 먹지만 더운 남쪽의 김치는 짜고, 추운 북쪽의 김치는 덜 짠 편입니다. 김치에 넣는 젓갈도 그 지역의 해산물을 넣다 보니 종류가 다르지요.

그러니까 지구촌의 모든 사람들에게서 나타나는 대다수의 의식주 양상은 주어진 자연환경에 적응하면서 나름의 삶의 방식을 찾아낸 인류의 오래된 지혜라고 볼 수 있습니다. 이는 지구 위에 사는 사람들의 삶이 다를 수밖에 없는 근본적인 이유이기도 합니다.

자연환경은 언어, 가치관, 습관, 그리고 제도를 변화시킨다

자연환경은 의식주뿐만 아니라 사람의 생각, 마음에도 영향을 미칩니다. 언어, 가치관, 습관, 제도 등 인간의 비물질적인 삶에도 영향을 미치는 것이죠.

눈이 많이 오는 지역에는 눈을 표현하는 단어가 많지만, 눈이 전혀 오지 않는 지역에는 눈을 표현하는 단어가 얼마 없습니다. 평야 지대에 살면서 비옥한 땅에서 농사를 지으려면, 가족만이 아니라 친족이 모여 사는 것이 낫고, 자연이 척박한 환경에서는 단일 가족으로 이동하는 것이 생존에 유리합니다. 이렇게 가족이나 친족을 바라보는 가치관이나 명칭도 자연환경의 영향을 받습니다.

지중해 지역을 여행하면 '시에스타'라는 낮잠 시간이 있어서, 관공서마저 문을 닫는 경우를 볼 수 있습니다.[14] 너무 더운 시간대에는 일하지 않고 낮잠을 자는 것이 오랫동안 습관이 되었기 때문입니다. 아프리카 어떤 지역에서는 반가움의 표시로 침을 뱉는 인사를 하는데, 침을 뱉는 것이 부족한 수분을 나누는 것이라 여겼기 때문입니다. 눈이 많은 지역인 캐나다에서는 눈이 오면 24시간 안에 자기 집 앞 눈을 치워야 하는 법률이 있습니다. 눈으로 인한 사고가 나지 않도록 제도화한 것이죠. 이 역시 자연환경의 영향입니다.

이처럼 인간은 의식주에서만이 아니라 전통과 제도를 만들어가는 데도 자연환경의 영향을 받습니다. 혹시 낯선 곳에 갔다가 내가 전혀 모르는 낯선 전통이나 제도를 경험하게 된다면 이상하게 생각하지 말고, 그것이 그 지역의 어떤 자연환경과 관련이 있을지 잠시 생각해보는 것이 좋겠지요.

자연환경을 극복하여 새롭게 살아가는 인간

어렸을 때 들었던 효자 이야기 중에 이런 이야기가 있습니다. 추운 겨울날 어느 효자가 생명이 경각에 달한 부모님이 드시고 싶다는 산딸기를 구하러 길을 나섭니다. 그 효심에 감복한 산신령이 산딸기를 내려주어서 부모님에게 무사히 갖다 드리는 이야기지요. 오늘날에도 산신령이 있습니

자연환경에 따라 다르게 발달하는 스포츠

자연환경은 스포츠나 여가에도 영향을 준다. 바다를 끼고 있는 나라는 수영이나 요트, 조정 등 물과 관련한 스포츠를, 낮은 구릉이 많은 곳은 골프나 축구 같은 스포츠를, 산이 발달한 곳에서는 스키, 등산 등 산악 스포츠를 즐긴다. 요즘은 세계대회에 대부분의 나라가 대표 선수를 보내기에 자국의 자연환경과 관련 없이 다양한 스포츠를 즐긴다.

그러나 같은 종목이라 하더라도 그 스포츠를 즐기는 인구가 많은 나라의 대표 선수와 자연환경 때문에 해당 스포츠를 즐기는 사람이 별로 없는 나라의 대표 선수가 펼치는 경기의 질은 차이날 가능성이 크다. 스포츠 경기에도 자연환경의 영향력이 존재하는 셈이다.

다. 바로 비닐하우스입니다. 비닐하우스는 인간이 자연환경의 영향력을 받지 않고 식물 재배를 하기 위해 적절한 환경을 인공적으로 만들어낸 공간입니다. 덕분에 우리는 시장에서 제철이 아닌 식재료도 쉽게 구할 수 있습니다.

인간은 자연에 순응만 하는 것이 아니라 자연환경을 극복하면서 새로운 삶을 만들기도 합니다. 관개시설을 갖춰서 물을 끌어들이거나, 개펄을 간척하여 농지로 만들기도 하고, 섬과 섬, 그리고 육지를 잇는 연륙교를 놓아서 섬을 육지처럼 활용하는 등 살아가는 데 적정한 환경으로 계속 바꿔나가고 있습니다.

그 예로 미국 캘리포니아의 쌀 생산 사례를 살펴볼까요? 쌀 생산에는 일정한 일사량과 적절한 물, 많은 노동력이 필요하여 주로 아시아의 몬순 지

항공 기술을 이용한 농업 방식. 기계 농업의 발달은 환경의 제약을 뛰어넘게 해주었다.

역에서 생산됩니다. 캘리포니아는 지중해성 기후로 벼가 성장하는 여름에 비가 오지 않아 쌀을 생산하기 어려웠습니다. 그런데도 지금 캘리포니아 지역은 세계적으로 유명한 쌀 생산 지역이 되었습니다. 비가 오지 않는 기후를 극복하기 위해서 관개시설로 수로를 만들어 물을 끌어들이고, 헬리콥터 등을 이용한 기계 농업이 노동력을 대체하여 쌀 대량생산이 가능해진 것입니다.

이렇듯 기술을 이용해 자연환경을 극복해나가는 사례도 있지만, 인간이 이주하기 전 삶의 방식이나 습관, 풍습을 포기하지 못해서 자연환경을 바꾼 경우도 있습니다. 유럽인이 이주해서 만든 나라인 뉴질랜드에서 그런 사례를 볼 수 있습니다. 뉴질랜드를 여행하면 유럽과 자연환경이 비숫하다고 느낄 것입니다. 이는 이주민들이 뉴질랜드를 원래 살던 영국처럼 만들기 위해 포도나무 같은 고향의 식물을 가져다 심고, 낮은 구릉지의 나무를 베어 목축지로 개간한 후 양을 들여와서 목축업을 하면서 생긴 결과입니다.

일제 강점기에 만주로, 혹은 중앙아시아로 이주한 우리 선조들도 한반도에서 짓던 논농사를 잊지 못하고, 논농사가 어려운 그 지역에서 관개시설을 만드는 등 각고의 노력을 하여 벼농사가 가능하게 만들었습니다.

고향에 대한 그리움 같은 간절한 마음, 그리고 과학기술의 발달은 인간이 자연환경의 제한을 극복하고 변화시키는 원천으로 작동하기도 합니다.

자연을 넘어서려는 인간의 기술은 재앙일까, 축복일까

오스트레일리아에서는 토끼 개체가 급증하여 사회적으로 문제가 된 적이 있습니다. 뉴질랜드에서도 비슷한 일이 있었고요. 모두 영국 이주민이 들여온 토끼가 발단이었습니다. 고국에서 사냥하던 습관을 그리워한 이들이 토끼를 오스트레일리아와 뉴질랜드에 들여온 것입니다. 그런데 그곳에는 토끼를 잡아먹을 상위 포식자가 존재하지 않는 등 영국과 달리 토끼가 번식하기에 너무나 좋은 환경이었습니다.

결국 토끼 개체 수가 급격하게 증가해 사냥으로 통제하기 어려울 정도가 되었습니다. 토끼는 영국에서와 달리 오스트레일리아와 뉴질랜드에서는 작물을 망치는 유해 동물이 되어버렸습니다. 독약을 친 당근까지 이용해 토끼 수를 줄여보려 했지만, 여전히 두 나라에서 토끼는 인간이 만든 재앙이자 사회적 문제입니다.

한편 요즘엔 작물이 자연환경의 영향을 받지 않고 잘 성장하도록 하기 위해 유전자를 조작한 유전자조작식품(Genetically Modified Organism, GMO)을 개발하고 있습니다. 그런데 자연환경을 극복하기 위해 만든 강력한 농작물이 급격하게 번식하면서 그 지역의 토종 종자가 사라지기도 합니다. 이처럼 인간의 편리를 위해 자연에 가한 변화는 자연환경에 문제를 일으킵니다.

『지리의 힘』이라는 책을 보면 세계 각국의 정치적·경제적 현상이 위도와 경도 같은 지구상의 위치, 대륙과 반도, 섬과 같은 지형, 천연자원 등 다양한 자연환경에 영향을 받는다고 설명합니다. 그런데도 오늘날 많은 사람들은 자연환경을 따르기보다는 과학기술로 환경을 극복하려고 합니다.

인류는 자연환경에 적응하면서 수동적으로 살아가야 할까요, 아니면 자연을 극복하면서 새로운 환경을 만들어나가야 할까요? 과학기술은 자연환경을 극복하고 인간의 삶을 긍정적으로 만들어주는, 진정으로 유용한 도구가 될 수 있을까요?

조사 활동 자연환경이 만든 주거 경관 소개하기

1. 집을 만드는 재료, 집의 창문이나 지붕 모양 등 주거 생활과 관련된 주제를
   하나 정한다.
2. 기후대의 특징을 정리하고, 그에 적응하기 위한 주거 생활 모습을 사진 자
   료와 함께 정리한다.
3. '자연환경이 만들어내는 주거 경관'이라는 자료집을 제작한다.

조사 활동 자연환경을 극복한 인간의 과학기술 소개하기

1. 세계적으로 유명한 다리 건축 기술, 해수의 담수화 기술, 관개시설 관련
   기술 등 하나의 과학기술을 선택한다.
2. 선택한 기술을 사용하여 자연환경을 극복한 사례를 찾는다.
3. 과학기술이 자연환경을 변화시킨 모습을 안내하는 자료집을 제작한다.

자연과 인간, 올바른 관계 맺기

인간 중심주의, 생태 중심주의, 인간과 자연의 공존

영산강 하굿둑은 1981년에 만들어진 우리나라 최초의 하굿둑입니다. 전남 담양에서 시작해 황해로 흘러가는 영산강 하구에 설치한 방조제이지요. 방조제 덕분에 거대한 호수가 생겨서 주변 지역에 물을 보급할 수 있게 되었고, 인공호수 주변을 꾸며서 관광지도 형성되었습니다. 짠 바닷물의 유입을 막아 주변에 농경지를 개간해서 쌀 생산량도 늘어났고요.

그러나 25년 정도 지난 2005년 신문기사를 살펴보면 영산강 수질이 5급수로 전락했다는 뉴스를 볼 수 있습니다. 가장 큰 원인은 영산강 하굿둑으로 인해 강물의 흐름이 원활하지 못하여 강에 퇴적물이 쌓였기 때문입니다. 영산강 수질이 나빠지면 주민의 건강에도 영향을 미치고, 이 물로 농사지은 쌀의 상품성에도 문제가 일어날 수 있습니다.[15]

영산강 하굿둑. 이 하굿둑을 기준으로 그 위는 강(영산호), 아래는 바다(남해)가 된다.

이런 문제점이 지적되는데도 불구하고, 2009년 4대강 개발 사업을 하면서 수많은 강 중간중간에 방조제 역할을 하는 둑이 만들어졌습니다. 이와 관련해 방조제를 조절하여 부족한 물 문제를 해결할 수 있다는 의견도 있지만, 심각한 녹조 현상으로 강의 생태계가 파괴될 것이라며 원래대로 복구해야 한다는 주장도 있습니다.

우리나라의 4대강 개발 사업에 대한 논쟁은 아직 진행 중입니다. 그리고 앞으로 이와 비슷한 정책이나 사업이 진행될 때도 그러할 것입니다. 자연을 도구로 삼아서 인간의 필요에 따라 개발해도 될까요, 아니면 자연은 그 자체로 존중받아야 하므로 그대로 유지해야 할까요?

인간 중심주의 : 자연은 인간의 필요를 위한 도구다

혹시 동굴 관광을 해본 적이 있나요? 우리나라 동굴은 거의 산속에 있어서 접근하기가 쉽지 않아 모노레일을 타고 들어갈 수 있게 개발했습니다. 동굴만이 아니죠. 요즘엔 지상과 높은 산의 정상을 케이블카로 연결해서 등산하지 않고도 정상에 오르기가 쉬워졌습니다.

이런 시설물은 인간에게 편의를 제공하지만 자연에는 생존을 위협하는 장치입니다. 접근하기 어렵다는 이유로 모노레일이나 케이블카를 설치하는 것은 자연이 아니라 인간을 위한 것입니다. 그런데 왜 이런 선택을 할까요? 거기엔 인간의 이익이나 필요를 위해서라면 자연을 수단으로 사용할 수 있다는 생각이 담겨 있습니다. 바로 이 생각이 '인간 중심주의'입니다.

인간 중심주의는 근대 이후 서유럽에서 인간 이성을 강조하던 풍조와 관련이 깊습니다. 이 관점에서 인간은 자연과는 구별되는 우월한 존재입니다. 인간은 이성을 가진 궁극적인 존재이지만 자연은 그렇지 않기 때문입니다. 이에 따라 인간과 자연을 이분법적으로 구분합니다. 대표적으로 데카르트나 베이컨은 자연은 과학적으로 분석 가능한 대상일 뿐이며, 동물도 인간과 달리 단순히 자극에 반응하는 존재로 보았습니다. 그러다 보니 이성을 가진 인간이 자연을 극복하고 개조하여 인간의 이성에 굴복시키는 것을 당연하게 생각합니다.

인간 중심주의에 따르면 인간 이성의 산물인 과학기술을 활용하여 자연을 개발하는 것은 매우 합리적 선택입니다. 과학기술이 인간을 행복하게 할 것이고, 자연을 개발하고 경제를 발전시키는 것 또한 그러할 것으로 여겼습니다. 이런 생각을 바탕으로 농약이나 살충제를 쳐서 농산물 생산을 늘리고, 바다를 메워서 항만 시설을 만들고, 산을 깎아서 도로를 만들었습니다.

그런데 그 결과는 생각과 달랐습니다. 환경오염, 자원 고갈, 생태계 파괴, 그로 인한 다양한 위기들……. 그러자 자연을 도구로 보는 생각에 대응하는, 인간도 자연의 일부라는 새로운 생각이 나왔습니다. 근대 이후 환경 문제나 생태계 문제에 대한 원인으로 인간 중심주의가 심각한 비판을 받고 있습니다.

생태 중심주의 : 인간 또한 생태계의 일부일 뿐이다

2017년 살충제 계란 문제로 온 사회가 시끄러웠습니다. 처음엔 다른 나라 계란에서 살충제가 검출되었기에 우리나라에서도 조사를 했을 뿐인데, 유기농 계란에서마저 살충제가 발견되어 사람들이 경악했지요.

심층 조사를 해보니, 일부 지역은 실제로 농약을 사용한 반면에, 어떤 지역은 닭을 유기농 환경에서 키우고 있었습니다. 문제는 닭을 키우기 전에 농사를 지을 때 땅에 뿌린 농약이었지요. 농약을 뿌린 건 30년도 더 전의 일이었는데 지금까지도 농약이 남아 있어서, 같은 땅에서 자란 닭이 오염되고 계란에도 영향을 미친 것이었습니다. 이 사건만 봐도 인간과 자연을 분리해서 생각하기란 매우 어렵습니다.

"꿀벌이 사라지면 4년 안에 인류도 사라진다." 알베르트 아인슈타인의 말입니다.[16] 이 이야기는 논리적으로 명료합니다. 꿀벌이 사라지면 꿀벌을 화분 매개로 하여 번식하는 지구상의 수많은 식물이 번식하기 어려워지고, 식물이 사라지면 먹이사슬이 끊어져 인류도 생존하기 어렵다는 이 야기입니다. 레이첼 카슨의 『침묵의 봄』은 무분별한 살충제 사용이 자연 속 생물들을 얼마나 처참하게 파괴하는지, 그러한 파괴가 인간에게 어떤 영향을 미치는지를 '자연이 침묵하는 봄'이라는 상징으로 알려줍니다.

인간이 자연을 통제할 수 있다는 생각에 맞서서, 인간은 자연에서 독립된 존재가 아니라 자연의 일부라고 보는 관점이 '생태 중심주의'입니다. 생태 중심주의는 생태계 전체가 유기적으로 연결되어 있다고 봅니다. 이 관점에서 자연은 인간을 위한 수단이 아니라, 모두가 상호의존하면서 서로 공유하는 생명 공동체입니다. 또한 생명 공동체를 이루는 개별적인 존재들도 모두 내재적 가치를 가진 존재입니다.

생태 중심주의에서는 자연이 인간을 위해 존재하지 않습니다. 그리고 개발은 자연의 한 구성원이 생태계를 훼손하는 과정으로 봅니다. 인간이라고 해서 자연의 균형을 파괴할 힘을 가진 것이 아니며, 인간도 자연의 일부로서 자연을 그대로 유지할 의무를 갖는다고 생각하지요.

이에 따르면 근대 이후 인간이 과학기술을 이용하여 자연을 개발하고 지배 혹은 정복한 일은 아주 위험한 선택이었습니다. 생태 중심주의는 자연개발을 반대하는 사회운동적 성격을 띠고 있어서, 환경문제를 해결하는 중요한 대안이 되기도 합니다.

하지만 이런 관점에서는 인간이 집을 짓고 음식을 만드는 등의 모든 문화적 행위가 생태계를 위협한다고 보아 인간의 문화적 삶을 모두 부정하므로 비현실적인 주장이라는 비판을 받습니다. 또한 사회운동 성격이 강하다 보니 생태계를 보호한다는 명목으로 개인의 삶을 강제적으로 제한하기도 해서, 환경 파시즘이라는 비판을 받기도 합니다.

자연과 인간, 어떤 관계를 맺어야 하나?

『기적의 사과』라는 책이 있습니다. 일본에서 유기농법으로 사과 농사를 짓는 농부의 이야기를 담은 책이지요. 이 책에 이런 내용이 있습니다.

농약을 안 쓰면 사과 수확은 꿈도 꿀 수 없다. (……) 무농약 재배를 2년간 하면 사과 수확은 확실하게 제로가 된다는 뜻이다. 현대의 사과와 빌헬름 텔이나 뉴턴의 사과 사이에는 엄청난 차이가 있다. 무농약 사과를 재배할 수 없는 가장 큰 이유도 거기 있다. 바로 품종 개량 때문이다.[17]

품종 개량을 한 사과는 과학의 산물인 농약으로 보호받으면서 훨씬 많이 생산됩니다. 그런데 이 책의 주인공은 과학의 산물을 포기하고 '자연농법'으로 불리는 방법으로 사과를 키우기로 합니다. 일단 화학비료와 농약을 포기했습니다. 나머지는 오로지 자연이 해결해줄 거라고 믿고 사과밭의 흙을 되살릴 생각만 합니다. 흙이 살면 사과의 뿌리가 살고, 그러면 사과가 맺힐 거라고 생각한 것입니다.

자연농법을 사용한 지 9년 만에 사과 꽃이 피면서, 주인공은 다른 사과 농장과는 달리 과학기술의 도움 없이 자연이 키워낸 기적의 사과를 생산하게 됩니다.

화학비료와 농약을 포기하고 얻은 이 사과가 기적의 사과가 된 것은 9년 만에 열매를 얻어서만이 아니었습니다. 이 사과를 잘라서 냉장고 위에 두었는데, 2년이 지나도록 썩지 않고 향을 뿜었다고 합니다. 기적의 사과는 인근 레스토랑에서 사과 수프의 재료로 사용하는데, 다른 사과로 만든 것보다 훨씬 맛있어서 인기가 대단하다고 합니다.

이 사례를 보면 인간과 자연의 공존 방법을 찾을 수 있을 것 같습니다. 농장 생태계를 복원하면서 먹거리도 만들어낼 수 있음을 보여주었기 때문입니다. 인간이 생태계를 위해 모든 것을 포기하지 않으면서 삶도 풍요로워지는, 상생이 가능하다는 것을 보여주는 좋은 사례입니다.

인간은 자연을 개발하여 문화적 생활을 누리고 있습니다. 하지만 인간 또한 자연의 일부분이어서, 자연을 훼손할 정도로 과도하게 개발하면 결국 인간의 삶마저 위협받게 됩니다. 그래서 최근에는 인간과 자연의 공존이라는 측면을 중요하게 고려합니다.

인간의 욕심 때문에 자연을 훼손하는 일을 멈추고 불편을 감수하면서 자연을 지키는 것, 자연이 유지되어야 인간의 삶도 유지할 수 있다는 생각, 다양한 생물과 자연 그 자체를 존중하려는 마음, 인간 이외의 생명체 또한 소중하게 여기는 태도. 바로 이러한 것들이 자연과 인간을 공존할 수 있게 할 것입니다. 그래야만 우리 삶도 가능할 것입니다.

논술 활동 케이블카 설치에 대한 나의 의견 제시하기

1. 케이블카를 설치하려는 지역에 관한 신문기사를 찾는다.

2. 기사를 읽고 케이블카를 설치하려는 이유와 이에 반대하는 사람들의 의견을 각각 정리한다. 케이블카를 반대하는 사람들의 주장에 담긴 생태 중심주의, 케이블카를 찬성하는 사람들의 주장에 담긴 인간 중심주의를 파악해본다.

3. 인간과 자연의 공존을 생각하면서 케이블카를 설치하려는 사람을 설득하는 글이나 반대하는 사람을 설득하는 글을 작성한다.

서평 활동 『기적의 사과』처럼 자연과 인간의 공존을 강조하는 책의 서평 쓰기

1. 자연과 인간의 공존을 강조하는 책을 한 권 선택한다.

2. 주인공이 자연과 인간의 공존을 중시하게 된 배경, 이를 위한 노력 등을 정리해본다.

3. 주인공의 행위를 평가해보고 자연과 인간의 공존이 필요한 이유 등을 중심으로 서평을 쓴다.

3 환경문제를 해결하기 위한 여러 가지 노력들

환경 쓰레기, 환경 정책과 제도, 친환경 제품, 환경문제와 시민사회, 친환경 도시

대다수 도시인들은 주말을 맞아 일주일치 생필품을 사러 마트에 갑니다. 그곳에서는 인간을 위해 개발한 다양한 상품들이 진열되어 있는 모습을 볼 수 있습니다. 그 상품 중에는 세상에 없더라도 내 삶에 전혀 영향을 주지 않는 것들도 많습니다.

사 온 물건을 꺼내 어떤 것은 냉장고에, 어떤 것은 식품 창고에, 어떤 것은 옷장에 넣어 보관합니다. 이렇게 정리하고 나면 포장지가 남습니다. 구입한 생필품은 수명이 짧게는 일주일, 길게는 몇 년 정도일 것입니다. 그런데 그 물건에 따라온 포장지는 100년 이상이 지나야 썩어 없어지는 경우가 많습니다. 왜 이렇게 많은 포장지가 필요할까요? 의도하지 않았지만 내가 이렇게 만들어낸 환경 쓰레기는 얼마나 될까 생각해 봅니다.

4월 22일은 '지구의 날'입니다. 지구의 날을 맞아 저녁 8시부터 10분 동

안 소등하는 행사에 참여해보았습니다. TV와 휴대폰도 끄고 나니 할 일이 없습니다. 창밖을 내다봅니다. 많은 사람들이 참여해서인지 대도시의 어둠을 오랜만에 접합니다. 참 좋네요. 밤하늘이라 해도 별을 보기는 어렵지만, 오랜만에 인공 불빛에서 해방된 느낌입니다.

그런데 이 10분이 지구를 살리는 데 도움이 될까요?

환경의 역습이 시작되다

2017년 여름, 대구와 광주에 있는 어느 가정집에 바나나 열매가 열렸다는 기사가 났습니다. 온대 기후대인 우리나라에서 아열대 작물이 열렸다는 소식에 한반도도 아열대 기후로 변한 게 아니냐는 논란이 일었습니다. 그 바나나인 줄 알았던 것이 실은 파초라는 식물이었다는 후속 기사가 나오긴 했습니다만, 확실히 이대로라면 조만간 우리나라의 남쪽 해안에서 바나나가 열리는 것을 볼 수 있을지도 모릅니다. 인간이 배출한 이산화탄소 등 오염 물질 때문에 기후변화가 일어나고 있기 때문입니다.

인간이 내놓는 오염 물질이 기후변화만 일으키는 것은 아닙니다. 우리가 일상적으로 사용하는 수많은 화학제품이 환경 쓰레기를 만들어내고 있습니다. 『플라스틱 바다』[18]라는 책은 현대인이 만든 수많은 화학제품, 특히 플라스틱 제품이 얼마나 많은 바다 생물을 죽음으로 내몰고 있는지 경고합니다.

편하게 사용하고 버리는 비닐봉지는 바다로 흘러가서 바다거북 같은 생물들이 해파리인 줄 알고 먹고는 죽어버리기도 합니다. 이런 모습을 사진으로 접하고 나면, 환경 쓰레기가 인간만이 아니라 자연 전체에 위해가 된다는 것을 알 수 있습니다.

태평양에 쓰레기 섬이 있다는 것을 아시나요? 쓰레기 섬은 바다로 흘러 들어온 쓰레기들이 해류의 영향을 받아 한데 모여 만들어진 섬입니다. 크기가 얼마나 될 것 같나요? 한반도의 몇 배나 됩니다. 그렇게 큰 섬이 순전히 비닐과 플라스틱 등 인간이 만들어 쓰고 버린 화학제품으로 이루어졌습니다.

석유에서 추출하여 만든 화학제품은 비닐봉지를 비롯해 포장지로, 음료수병으로, 옷으로, 수없이 만들어지고 버려집니다. 그러다 바닷속, 강물속, 또는 토양 속 생물을 죽음으로 몰지요.

대기오염도 심각한 문제입니다. 공장, 자동차 등에서 나오는 매연만이 문제가 아닙니다. 고기와 우유를 대량으로 얻기 위해 키우는 소를 비롯한 가축들도 대기오염의 원인입니다. 대량으로 사육할 공간을 마련하느라 나무를 없애고 초지를 만드는데, 나무가 줄어드니 산소 발생은 줄어드는 반면 수없이 많은 동물들이 뿜어내는 방귀에서 발생한 메탄가스는 대기오염의 주범이 됩니다.

환경호르몬이라는 말을 들어본 적 있나요? 환경호르몬은 산업활동에서 생성되는 화학물질로, 인간의 신체에 들어오면 호르몬 기능을 교란합니다. 보통 우리가 사용하는 화학제품에서 발생하는데, 화학 폐기물에 섞여서 강과 토양을 오염시키고, 다시 인간의 몸으로 들어가서 인간에게 해를 끼칩니다.

이렇듯 편리하고 풍요롭게 살기 위해 인간이 만들어낸 모든 것들이 자

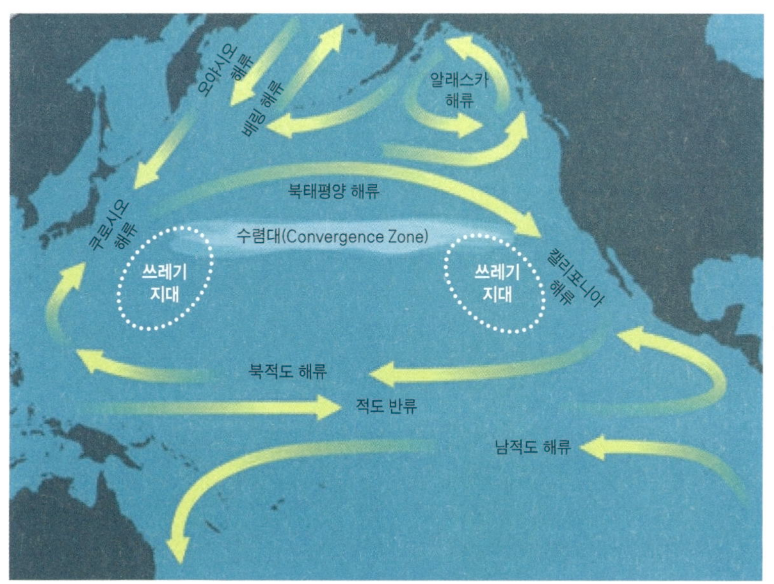

태평양에 형성되어 있는 거대 쓰레기 지대. 한반도의 몇 배 크기에 이른다.

연을 훼손하고 오염시키고 있습니다. 인간이 만든 것이 환경에 피해를 주고, 다시 환경이 인간의 삶을 공격하는 자연의 역습이 시작되고 있는 셈입니다.

환경문제에 정부는 어떤 노력을?

뉴질랜드 정부는 '방귀세'라는 세금 도입을 고려한 적이 있습니다. 사육하는 소의 방귀 때문에 발생하는 환경오염 문제를 해결하기 위한 연구 기금 마련을 목적으로 했다는데, 실제로 적용되지는 않았습니다.

기후변화와 관련한 다양한 용어들

일반적으로 기후변화는 약 10년 정도에 걸쳐 나타나는 기후의 평균적인 변화를 말한다. 대표적인 현상이 '지구온난화'이다. 지구온난화는 지구 표면의 평균 온도가 상승하는 것을 말하는데, 석탄, 석유, 천연가스 같은 화석에너지의 사용이 주된 원인으로 꼽힌다.

기후변화는 단순히 지구 표면의 온도가 올라가는 것에서 그치는 것이 아니라 바닷물의 온도도 변화시켜서 기상이변을 만들어내기도 한다. 태평양 바닷물의 온도가 변하는 현상을 일컫는 표현으로 '엘니뇨'와 '라니냐'가 있다.[19]

엘니뇨는 스페인어로 '남자아이' 또는 '아기 예수'라는 표현인데, 이 현상이 보통 크리스마스 전에 나타나기 때문에 붙여진 이름이다. 엘니뇨는 원래 남아메리카 열대 지방의 서해안을 따라 남쪽으로 흐르는 바닷물이 2~7년을 주기로 따뜻해지는 현상을 가리켰다. 최근에는 태평양의 해수면이 평균 온도보다 섭씨 0.5도 이상 높은 상태가 5개월 이상 유지되면 엘니뇨라고 한다. 엘니뇨는 태평양 연안 지역 중에서 동남아시아에는 가뭄을, 남아메리카에는 홍수를 일으키는 요인이 된다.

라니냐는 엘니뇨와 반대되는 표현이다. 스페인어로 '여자아이'를 뜻한다. 태평양의 해수면이 평균 온도보다 섭씨 0.5도 이상 낮은 상태가 5개월 이상 유지되면 라니냐라고 한다. 라니냐는 태평양 연안 지역 중에서 동남아시아에는 홍수를, 남아메리카에는 가뭄을 일으키는 요인이 된다.

우리나라는 전기차를 구매하는 사람들에게 정부에서 보조금을 지원하고 있습니다. 전기차를 타면 대기오염 물질이 배출되지 않으니, 이를 더 많이 이용하라고 보조금을 주는 것입니다. 이처럼 정부는 환경문제를 해결하기 위해 세금을 부과하기도 하고, 보조금을 줌으로써 친환경 정책을 지원하기도 합니다.

또한 정부는 다양한 정책이나 법률을 만들어 환경문제를 해결하려고 노력합니다. 가구나 전기제품을 새로 사서 헌것을 버려야 할 때를 예로 들어봅시다. 가전 폐기물은 그냥 버려서는 안 되지요. 구청에 신고한 뒤 일정 비용을 지불하고 정해진 장소에 버려야 합니다. 생활 쓰레기도 돈을 주고 산 종량제봉투에 넣어서 버려야 하고요. 이렇게 쓰레기를 함부로 버리지 않는 것은 「폐기물관리법」에 의거한 행동입니다.

미세먼지나 황사 등이 문제가 되자 정부는 대기 환경 개선을 위한 종합 정책을 내놓았습니다. 이에 따라 기업이 공장을 가동하면서 기준치 이상 오염 물질을 배출하지 못하게 규제합니다. 산불이 많이 나는 시기엔 화재예방 홍보 활동을 하고, 산림보호원을 두어 산불 예방을 위해 노력합니다.

이처럼 정부는 환경문제 해결을 위한 가이드라인을 제시하면서 관련 정책을 세부적으로 실시하고, 기업이나 개인의 활동을 감시하면서 환경문제를 해결하기 위해 적극적인 노력을 기울입니다. 그러니 정부가 어떤 관점을 가지고 어떤 노력을 하는지가 환경문제 해결에 가장 결정적인 요소가 될 것입니다.

환경문제에 대한 기업의 노력

몇 년 전에 있었던 일입니다. 독일의 한 자동차 회사가 자사의 자동차가 배출하는 환경오염 물질이 정부가 정한 기준치 이상인데도, 이 수치를

우리나라의 환경보호 제도와 정책들

1. **환경영향평가 제도** : 2008년에 제정된 「환경영향평가법」에 따라 도시개발 사업이나 산업단지 조성, 에너지 개발 산업 등을 시행할 때 환경에 미치는 영향을 미리 예측하여 법률에 따라 평가하는 제도이다.

2. **환경개선부담금 제도** : 1991년에 제정된 「환경개선비용 부담법」에 따라 유통이나 소비 과정에서 환경오염 물질을 다량 배출하여 환경오염을 직접적으로 일으킬 가능성이 있는 건물이나, 경유를 연료로 사용하는 자동차 등의 소유자에게 '오염 원인자 부담 원칙'을 적용하여 환경개선부담금을 내게 한다.

3. **미세먼지 정책** : 대기오염과 관련하여 미세먼지를 줄이고자 하는 정부의 정책으로 다음이 핵심 내용이다. 첫째, 대기 중 미세먼지 환경 기준을 제곱미터당 $50\mu g$에서 $35\mu g$으로 강화한다. 둘째, 석탄 발전소를 LNG(액화천연가스) 발전소로 전환한다. 셋째, 미세먼지의 원인으로 보이는 중국과 협력하기 위해 노력한다. 넷째, 초·중·고등학교에 실내 체육 시설을 설치하는 등 환경 개선을 위해 노력한다.

참조 : 이도경, "정부, 미세먼지 종합대책 발표…노후 火電 7곳 2022년까지 폐쇄", 《국민일보》, 2017.9.26.

조작하여 우리나라 정부에서 승인을 받아 판매했습니다. 해당 자동차는 판매 금지 처분을 받았고, 벌금도 물어야 했습니다.

사실 우리 인식 속에서 기업은 환경 문제를 일으키는 존재입니다. '과자 반 질소 반'이라는 과대 포장 문제는 약과입니다. 기업은 생산물을 만들기 위해 공장을 가동하는 순간부터 유통, 판매하는 모든 과정에서 수많은 오염물질을 배출할 가능성이 있습니다.

하지만 최근 들어서 기업이 환경오염을 일으키면 불매운동 대상이 되는 등 경영에 문제가 생기자, 기업들도 친환경 경영을 강조하고 있습니다. 생산과 유통부터 폐기까지 모든 과정에서 환경 친화적인 노력을 기울이겠다고 말이지요. 이에 따라 친환경 제품을 생산하기도 합니다. 가전제품은 고효율 에너지 제품으로 만들고, 오염 물질을 덜 배출하는 제품을 연구하기도 합니다. 정부 등 다른 집단에 비해 적극적이진 않지만 기업도 환경 문제 해결을 위한 노력을 하고 있는 것입니다. 최근에는 폐기물이나 재활용품을 이용하여 제품을 만드는 기업, 특히 사회적기업◆들도 등장하고 있습니다.

시민 그리고 시민사회의 역할은?

1991년 구미에 있던 한 전자회사에서 사용하던 페놀 저장 탱크가 파열되면서 낙동강으로 페놀이 흘러들어간 사건이 일어났습니다. 대구 주민에게 식수를 공급하는 취수장까지 페놀이 흘러들어가 악취가 났습니다. 시민들이 신고를 하자 취수장을 염소로 소독했는데, 염소와 페놀이 결합하여 독성이 더 강해져서 큰 문제가 됐지요.

그 후 여러 시민단체가 연대하여 협의체를 만들고, 회사와 정부에 피해 배상과 재발 방지 대책을 요구했습니다. 해당 기업이 생산한 물품에 대한 불매운동도 이어졌습니다. 이것은 환경문제와 관련하여 기업에 직접적인

◆ 사회적기업 영리 추구를 목적으로 하는 일반 기업과 달리 사회적인 서비스나 사회문제 해결과 같은 사회적 목적을 우선으로 하면서 영리 추구를 행하는 성격의 기업을 말한다.

책임을, 정부에 관리 책임을 물은 대표적인 시민운동입니다.

환경과 관련된 시민운동은 페놀 사건처럼 기업의 잘못에 대해서만 실행하는 건 아닙니다. 동강댐 개발 사업 등 정부 정책 중에 환경문제를 일으킬 수 있는 것에 대해서 반대 여론을 형성하여 폐지시키기도 합니다.

환경문제는 대다수 사람들의 생존이 걸린 문제입니다. 그래서 시민들 스스로 감시하고 압력을 행사해야 하므로, 환경보호를 위해 시민의 권리를 주장하는 이들은 바로 우리 개인이어야 합니다. 개인들은 환경에 대한 감시와 압력이 시민운동으로 작동할 수 있도록 힘을 모아 시민운동 단체를 만들어 적극적인 노력을 기울일 수 있습니다.

집단의 노력 못지않게 개인의 생활 속 실천도 중요합니다. 일상에서 우리가 할 수 있는 일은 수없이 많습니다. 사용하지 않는 전자제품 코드 빼기, 일회용품 사용하지 않기, 절전제품 사용하기, 대중교통 이용하기처럼 자원을 절약하는 방법이 있는가 하면, 교복 물려주기, 분리수거 등을 통해 재사용이나 재활용을 하는 방법도 있습니다.

이처럼 환경문제를 해결하려면 정부와 기업, 시민단체의 노력이 있어야 하지만, 개개인의 실천도 매우 중요합니다.

지역 환경 문제 해결을 위한 모범 사례
: 친환경 생태 도시 만들기

쿠리치바라는 도시 이름을 들어본 적이 있나요? 브라질에 있는 도시인데, 1960년대까지는 아주 가난한 지역이었다가 공장이 들어서고 인구가

도시 곳곳에 나무를 심어 녹지를 만드는 브라질 쿠리치바의 모습

몰려들면서 대도시로 성장했습니다. 그렇게 인구가 증가하고 자동차가 많아지자 대기오염이 큰 문제가 되었지요. 그러자 시에서 이산화탄소 배출을 줄이는 친환경적인 대중교통 정책을 도입합니다. 그뿐만 아니라 산업화 때문에 줄어든 녹지를 확보하기 위해 도시 곳곳에 나무를 심고 공원을 넓혔지요. 이렇게 공장이나 거주지로 빼앗겼던 녹지를 재생해나갔습니다. 또한 쓰레기를 줄이기 위해 주민들이 재활용할 수 있는 쓰레기를 가져오면 다른 재활용품으로 교환해주는 사업도 실시했습니다.

이런 노력 덕분에 쿠리치바는 현재 세계적인 생태 도시가 되어 여러 나라의 모범이 되고 있습니다. 인구가 거의 200만 명에 가까울 정도로 큰 도시이면서 개발도상국에 속하는데도 생태 도시로 거듭나다니, 세계가 놀라워하면서도 부러워할 만한 일이지요. 이 일이 가능했던 것은 정부의

환경문제, 거버넌스로 해결하다

최근 많은 나라에서는 환경문제를 해결하고 생태도시를 계획할 때 정부가 일방적으로 계획하기보다는 다양한 관련 기관들과 연계하여 같이 해결하는 방식을 선호한다. 이런 방식을 '거버넌스(governance, 협치)'라고 한다. 거버넌스는 기존 정부 중심의 의사결정에 변화를 주어 정부, 민간기업, 시민단체 등 관련 행위 주체들이 협력해 문제를 해결하면서 사회 전체의 발전을 도모하는 것이 핵심이다.

철저한 계획도 계획이지만, 그에 잘 협력하며 따라준 시민들 덕분입니다.

요즘 여러 도시들이 생태 도시나 환경 도시로 만들면서 오염을 줄이고 자연환경을 되살려내는 데에 큰 관심을 보입니다. 우리나라 역시 산업화를 겪으며 오염된 환경을 되살리기 위해 노력하고 있고요. 울산이 그런 예입니다. 울산은 우리나라 대표적인 공업지역인데 도심 한가운데에 태화강이 흐르지요. 한때 태화강은 생활 폐수 및 공장에서 나온 폐수로 인해 3급수로 변해서 '죽음의 강'으로 불렸습니다. 그러다 '죽음의 강 태화강 살리기' 운동에 시와 정부, 기업, 시민단체가 의견을 모아 협력했지요. 오염원을 줄이는 방안을 모색하고, 실천을 지원하면서 현재 태화강 수질은 1급수로 되돌아갔습니다.

환경문제가 일상에 미치는 영향을 몸으로 경험하는 현대인들에게 친환경, 생태적 환경은 매우 중요한 삶의 조건으로, 선택이 아니라 필수가 되었습니다. 이제 환경문제 해결을 위한 실천도 선택이 아니라 필수가 되어야 할 때입니다.

조사 활동 · 친환경 도시 소개하기

1. 브라질 쿠리치바, 독일 프라이부르크, 스웨덴 예테보리 등 친환경 도시 중 하나를 택한다.

2. 선택한 도시가 친환경 도시로 변화한 과정을 문제 상황, 친환경 정책 도입 과정 등을 중심으로 살펴본다.

3. 조사한 내용을 잘 정리하여 그 도시의 현재와 미래를 평가한다.

조사 활동 · 우리 정부의 친환경 정책 소개하기

1. 우리 정부의 친환경 정책 중 지원 정책과 제한 정책을 하나씩 선택한다.

2. 각 정책이 지향하는 목표와 구체적인 내용을 파악한다.

3. 각 정책이 환경보호에 미친 영향을 평가하고 내용을 정리한다.

제작 활동 · 환경 관련 NGO 활동 조사하기

1. 우리나라를 비롯하여 세계 각국에서 환경운동을 하는 NGO를 선택한다.

2. 선택한 NGO의 주요 활동을 조사한다.

3. 해당 NGO를 소개하는 안내 자료를 만든다.

입법 활동 · 기후변화에 대응하는 법 만들기

1. 기후변화에 따른 미래 세대 권리를 위해 헌법 개정 조항과 지역 조례 중 무엇을 만들어볼지 선택한다.

2. 선택한 입법 활동과 관련한 국내외 현황을 조사한다.

3. 헌법 개정 조항 혹은 지역 조례를 만든다.

4. 만든 법이 실제 우리나라 법에 반영될 수 있도록 국회 혹은 지역 의회에 청원한다.

4 자연재해,
어떻게 대응해야 할까?

자연재해, 지진, 쓰나미, 안전할 권리, 자연재해에 대한 대책

지리산 옆에 위치한 경상남도 함양. 이곳에 '상림'이라는 숲이 있습니다. 신라 시대에 이 지역을 다스리던 최치원이 홍수 피해를 막기 위해 만든 인공 숲입니다. 신라 시대 때는 그 지역에 위천이라는 강이 있었는데, 비가 많이 오면 범람하여 홍수가 나서 피해가 이만저만이 아니었습니다. 그래서 둑을 만들어 물길을 돌리고 둑에 나무를 심은 것이지요. 당시에는 그것만으로도 홍수를 조절할 수 있었는데, 한번 큰비가 와서 둑 중간이 무너졌다고 합니다. 둑이 두 부분으로 나뉘자 위쪽 숲을 상림, 아래쪽을 하림이라고 불렀습니다. 아직까지 남아 우리가 볼 수 있는 숲이 상림이고요.

천년의 아름다움이라고 불리는 넓은 숲을 보면 인간이 만들었다고 믿기 어려울 정도입니다. 1,000년 넘게 그 모습을 간직한 인공 숲은 천연기

념물로 지정되었지요.

함양의 상림처럼 홍수 조절을 위해 선조들이 만든 장치들은 다른 지역에서도 쉽게 볼 수 있습니다. 대표적으로 담양의 관방제림이 있습니다. 담양을 여행하는 여행객은 대개 죽녹원이나 메타세콰이어 길을 찾는데 이곳도 장관입니다. 관방제림은 홍수를 조절하려고 마을 앞에 흐르는 담양천에 둑을 쌓아 나무를 심은 곳인데, 중간중간에 의자가 놓여 있습니다. 거기에 앉아 쉬다 보면 상림과 마찬가지로 오래전에 자연재해를 예방하고자 한 조상들의 지혜에 취할 수 있지요.

그럼, 자연재해에 대해서 좀 더 알아볼까요? 홍수는 농작물의 성장이나 수확에 매우 나쁜 영향을 미치므로, 농경사회에서는 홍수를 잘 관리하는 것이 중요한 과제였을 겁니다. 그래서 관청이 주도하여 숲이나 둑을 만들었겠죠. 홍수 등의 자연재해는 지형과 기후와 같은 자연환경의 영향으로 발생해서 인간에게 피해를 주거나 안전을 위협합니다.

2016년 경주 지역과 2017년 포항 지역에 기존에 경험하지 못했던 센 지진이 와서 국민들이 두려움에 떤 적이 있었습니다. 지진은 지진대 지역에 생깁니다. 지진 외에 화산 활동이나 쓰나미 등도 지형의 영향을 받아 발생하는 자연재해입니다.

매년 여름 초입에는 태풍 피해를 접하게 됩니다. 태풍, 강풍, 홍수, 장마 등은 눈이나 비, 바람 등 기후의 영향을 받아 발생하는 자연재해입니다.

최근에는 자연재해를 두고 인재, 즉 인간이 만들어낸 재해라고 이야기합니다. 과학기술의 발달로 자연재해에 대한 예측이 어느 정도 가능해졌는데도, 제대로 조치를 하지 않았다는 뜻이지요. 또한 자연재해가 점점 강해지는 양상을 띠는데, 이는 기후변화가 원인이고, 근본적으로는 인간

2017년 11월 15일에 발생한 지진으로 큰 피해를 입은 포항의 모습

의 자연 개발이 미친 결과라는 이야기도 합니다.

이렇듯 요즘 지구촌에서 일어나는 자연재해는 오로지 자연의 순리로 일어나는 것만은 아니기 때문에, 이를 예방하는 문제가 큰 관심거리가 되고 있습니다.

자연재해, 그 앞에 선 인간의 무력함

과학기술이 발달하지 않았던 과거에도, 인간은 자연의 이상(異常)과 그로 인한 위협을 알고 있었습니다. 현대에는 과학적 장비로 지진의 징후나 태풍 경로를 예측하지만, 과거에는 동물의 이동이나 구름의 변화 등 자연의 특이한 양상을 보고 자연재해를 예상했습니다. 이것을 자연의 '전조'라고 하죠. 그런데 이런 전조를 통해 자연재해를 예측하더라도 인간이 손쓸 틈까지는 없었습니다.

〈폼페이: 최후의 날〉이라는 영화나 관련 다큐멘터리를 본 적이 있나요? 이탈리아의 남부 지역에 위치한 폼페이라는 곳에서 1600년경 도시를 개발하던 중에 고대 도시의 흔적을 발견했습니다. 그리고 곧 이 도시가 화산 폭발 때문에 사라졌음을 알게 되었지요. 기원전 폼페이 옆에 있던 베수비오 화산이 폭발하면서 도시가 폐허가 되고 수많은 사람들이 죽거나 그대로 굳어버린 것입니다.

현재 폼페이에는 자연재해에 고스란히 당한 사람들의 최후의 형상을 발굴하여 전시해두었습니다. 그 모습을 보면 자연재해 앞에서 인간의 삶이 얼마나 허망한가 싶은 생각이 듭니다.

『위험한 행성 지구』[20]라는 책을 보면 자연재해가 폼페이처럼 그 지역 사람들에게만 영향을 미치는 것이 아니라 인류의 역사까지 바꿀 힘을 가지고 있음을 알 수 있습니다. 지진과 해일로 거대한 문명이 파괴되기도 하고, 큰 우박이 오랫동안 내려서 전쟁마저 멈추게 한 사례도 담겨 있습니다. 그러니 자연재해는 가볍게 볼 일이 아니지요.

최근에 자연재해는 역사를 바꿀 정도까지는 아니더라도 확실히 인간의 삶을 위협합니다. 자연재해가 닥치면 수많은 사상자가 나오는 것만 봐도 그렇지요. 집, 도로 등 삶의 터전을 무너뜨려 재산상의 피해도 입힙니다. 심한 경우에는 현대 과학기술로도 피해를 복구할 생각조차 못하는 상황에 처하기도 합니다.

경험과 지혜로 자연재해를 예방하다

우리 조상들이 가뭄과 홍수를 예방하기 위해 보(洑)를 만들고 둑을 쌓고 숲을 조성했던 것처럼, 세계 곳곳에서도 자연재해를 예방하려고 노력해왔습니다.

지진이 잦은 일본을 여행하다 보면 간혹 사람 인(人) 자 모양으로 견고하게 서 있는 전봇대를 볼 수 있습니다. 우리나라에서도 태풍이 온다고 하면 큰 창에 테이프를 X 자로 붙여서 창이 깨지는 것을 방지하지요. 바람이 많이 부는 지역에서는 집을 지을 때 덧창을 달거나 아예 유리창을 내지 않기도 합니다. 최근 경주에서 지진이 여러 번 나자, 경주의 박물관은 전시 유물을 피아노 줄로 고정했습니다. 경주와 멀리 떨어진 서울에 있는 박물관에서도 이렇게 유물을 관리하기 시작했고요.

일상에서 실천하는 이런 노력 이외에, 댐을 건설하거나 방파제를 만드는 일, 산에 나무를 심고 경사지에 사방공사를 하는 일, 강에 둑을 쌓는 일 등 대규모 건설을 통해 자연재해를 막으려는 노력도 합니다. 자연재해를 막으려는 공사가 오히려 자연재해의 원인이 되기도 하여 문제가 되는 경우도 있습니다.

인간이 일상적으로, 혹은 대규모 개발 사업을 통해 자연재해를 사전에 예방하려는 이유는 무엇일까요? 오랜 세월 그 지역에 살아오면서 축적한 경험으로 똑같은 재해가 다시 찾아올 가능성이 크다고 판단하기 때문입니다. 조상들도 재해를 겪은 기록을 남겼고, 우리 역시 여러 번 자연재해를 경험했습니다. 그래서 이를 예방하기 위해 다양한 방법으로 노력하는 것입니다.

역사서에 담긴 과거 한반도의 지진

지진계로 측정한 지진 현상을 '계기지진'이라고 하는데, 이를 측정하기 시작한 것은 1905년부터이다. 기상청에서는 1978년부터 계기지진을 관측하여 통계를 내기 시작했다. 계기지진을 측정하기 전에는 지진이 어떻게 일어났는지 글로 기록했는데 이를 '역사지진'이라고 한다.

역사지진 자료를 보면 한반도에서는 얼마나 많은 지진이 일어났을까? 「한반도의 역사지진 자료」[21]라는 논문을 보면 『삼국사기』『고려사』『조선왕조실록』『승정원일기』 등을 바탕으로 확인했을 때 서기 2년부터 1904년까지 총 1,897회 지진이 발생했다고 한다. 이들 역사서가 정확하게 모든 지진 사건을 기록한 것은 아니어서 실제보다 적게 추정된 것으로 볼 수 있다.

그런데 역사서에 따르면 과거 한반도에서는 현재 우리가 경험한 지진보다 더 센 지진을 경험했을 가능성이 있다. 『삼국사기』「신라본기」에는 "서울(당시 신라의 수도인 경주를 뜻함)에 지진이 나서 민가가 무너지고 죽은 사람도 100여 명이었다"라는 부분이 있는데, 위 논문의 저자는 이 지진이 진도 9 정도였을 거라고 추정한다.

국민의 보호받을 권리, 안전할 권리

일설에 따르면 사람이 국가라는 공동체를 만들어 살기 시작한 이유는 안전을 보장받기 위해서라고 합니다. 여기엔 다른 사람의 위협으로부터의 안전도 있지만, 자연재해로부터의 안전도 포함됩니다. 지금처럼 국민의 안전을 지키는 게 국가의 의무임을 강조하지 않았던 과거 여러 사회나 부족에서도 통치자가 나서서 안전을 지키려고 노력한 흔적들을 볼 수 있습니다. 비가 오지 않으면 지배자가 기우제를 지내며 자연재해를 극복하려 한 일만 봐도 그렇지요. 국민의 안전이 국가의 책무라는 것을 무의식적으로 알았던 게 아닐까요?

최근에는 슈퍼컴퓨터 등 인간이 만들어낸 다양한 과학기술로 과기에 비해 더 빠르고 정확하게 자연재해를 예측할 수 있습니다. 이런 기술이 빠르게 발달한 것도, 국민이 자연재해로부터 안전하게 살 수 있도록 노력하는 일을 정부가 중요하게 여기기 때문일 수 있습니다.

국가 공동체에서 살아가는 사람들은 안전을 보장받을 권리를 가지고 있습니다. 여기서 안전을 보장받는다는 것은 정부가 자연재해로 입을 피해를 사전에 예방하기 위해 노력하고, 자연재해가 일어났을 때 최선을 다해 수습해야 하는 것을 모두 포함합니다.

2005년 미국에 '카트리나'라는 허리케인이 왔는데, 그때 둑이 무너지면서 남부의 큰 도시가 상당 부분 물에 잠기고 말았습니다. 예측한 것보다 피해가 훨씬 더 크기도 했지만, 문제는 피해민들을 돌보고 피해를 복구하려는 정부의 노력이 제대로 이루어지지 않았다는 점이었습니다. 정부는 미숙한 대처로 여론의 몰매를 맞았습니다.

그 이후 미국 정부는 「재난관리법」을 수정하여 정부의 대응을 매우 강조하고, 국민의 '안전할 권리'를 확보하려고 노력했습니다. 그 덕분인지 2012년에 허리케인 '샌디'가 발생했을 때 미국 정부의 모습은 과거와 사뭇 달랐습니다.

태풍, 지진 등 자연재해가 잦은 일본은 자연재해를 예보하고 대응하는 정부 시스템과 대응 매뉴얼이 잘 갖추어져 있습니다. 또한 일본에서 발생한 큰 자연재해 뉴스를 보면 정부의 재난 대응 매뉴얼을 지키면서 몇 시간이나 줄을 서서 구호 순서를 기다리는 피난민들을 볼 수 있습니다. 이를 보면 시민의식 또한 매우 중요함을 깨닫게 되지요.

어느 공동체가 자연재해를 이겨내고 안전을 확보하려면 능력 있는 정부가 필수적이면서 동시에 현명한 시민의식도 중요합니다. 그런데 모든 정부가 유능하게 국민들의 안전할 권리를 지켜주지는 않습니다. 어떤 자연재해가 닥쳐도 체계적으로 잘 관리하는 정부가 있는가 하면, 그렇지 않은 경우도 있습니다.

그러나 무능력하거나 무책임한 정부의 국민이라고 해서 그들의 생명과 재산까지 무의미한 건 아니지요. 그렇기에 정부가 자연재해에 제대로 대응하지 못해 더 큰 어려움을 겪는 다른 나라 국민들에게 도움의 손길을 건네야 하는 것입니다.

두려움과 정복욕 사이에서 균형 찾기

자연을 경외하고 항상 조심하며 살았던 과거의 인류, 과학기술로 자연을 이용하고 개조하여 정복할 수 있다고 생각했던 근대 이후의 인류, 둘 다 자연재해를 대하는 바람직한 모습은 아닐 것입니다. 큰 비가 오고 눈이 오고 바람이 불고 지진이 일어나는 모든 일들은, 인간에게는 재해지만 사실 그 자체로는 자연현상일 뿐입니다.

아무리 과학기술이 발달하더라도 인류가 자연재해의 영향을 전혀 받지 않기란 불가능합니다. 그렇다고 과거 조상들처럼 숙명으로만 받아들이며 살 수는 없지요. 우리는 과학기술로 최대한 예측하고 대비할 방법을 찾아야 하며, 그래도 재난이 일어나면 가장 효율적으로 구제할 방안을 실천하기 위해 노력해야 합니다.

그런데 앞에서 살펴본 인간 중심주의와 생태 중심주의에서 알 수 있듯이 자연을 훼손하며 자연재해에 대응해서는 안 됩니다. 자연을 개발한 인간의 행위가 더 강한 자연재해를 불러오는 원인이 되기 때문이지요. 인간이 자연에 개입한 결과로, 자연재해는 결국 인재가 될 가능성이 있습니다.

인간의 편리를 위해 만든 인공물이 도리어 인간에게 위협이 되는 일도 있습니다. 2011년 일본 후쿠시마에서 쓰나미가 발생했는데 이로 인해 원자로에 문제가 생겨 인간의 삶을 위협했던 일을 기억하나요?

결국 인간은 자연재해를 최대한 예측하면서 자연의 흐름을 크게 거스르지 않는 수준에서 대응 방안을 찾아야 할 것입니다. 더불어 인간에게 위험이 될 가능성이 있는 시설을 건설할 때는 자연재해에 영향을 받을 가능성을 사전에 철저하게 고려해야 합니다.

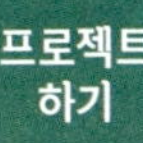

제작 활동 **역사 속에서 자연재해 대처 노력을 찾아 포트폴리오 만들기**

1. 상림, 관방제림 등 우리 역사에서 자연재해에 대응하기 위한 방안으로 만든 구조물을 7~10개 정도 찾아본다.

2. 재해가 지형이나 기후 중 어떤 것에 영향을 받았는지, 대응 방안은 어떤 것이 있었는지 정리한다.

3. 사진 자료 등을 찾고 앞의 자료를 같이 정리하여 포트폴리오로 꾸민다.

조사 활동 **자연재해 극복을 위한 우리 정부의 노력 알아보기**

1. 우리나라에 잦은 자연재해 중 하나를 택한다.

2. 우리나라의 어떤 지형이나 기후로 인해 그 재해가 일어나는지 조사한다.

3. 우리나라 정부가 이에 대응하기 위해 어떤 노력을 하는지 조사한다.

4. 조사 내용을 정리하고 재해 대응 방안에 대한 자신의 의견을 더한다.

논술 활동 **세계 각국의 자연재해 비교하기**

1. 일본의 쓰나미와 미국의 허리케인, 일본의 지진과 네팔의 지진 등 자연재해가 일어났을 때 긍정적인 대처와 그렇지 않은 대처로 세계의 관심을 끌었던 사례를 찾아본다.

2. 신문기사 등을 검색하여 각 자연재해를 비교한다.

3. 자연재해에 따른 사상자, 재산 피해 규모 등을 비교한다.

4. 자연재해에 대한 해당 정부의 대처 노력 등을 비교한다.

5. 우리나라가 자연재해에 대응할 때 고려할 점에 대한 의견을 정리한다.

불편한 진실

문학	미술	영화	뮤지컬
		V	

2006년에 미국의 데이비스 구겐하임 감독이 만든 다큐멘터리 영화다. 미국의 부통령이었던 앨 고어가 강연한 내용을 바탕으로 지구온난화의 위험을 다루고 있다. 그 내용은 『불편한 진실: 앨 고어의 긴급 환경 리포트』라는 책으로도 출간되었다.

줄거리

지구의 온도는 점점 올라가고 있다. 2005년에는 지구의 역사 65만 년 중 가장 높은 온도를 기록했다. 당시 많은 빙하가 녹아내려 해수면이 상승하고 지구 생태계에 문제를 가져왔다. 무엇이 원인일까? 바로 산업화 이후 대량생산과 대량소비로 인해 인류의 삶이 변화하여 이산화탄소가 증가했기 때문이다.

지구의 온도를 낮추기 위해 수많은 노력을 하고 있지만, 쉽지 않다. 북극의 빙하는 지속적으로 녹고 있으며, 이상기후로 자연재해는 더욱 심각해지고 있다. 〈불편한 진실〉에서는, 이로 인해 상하이, 인도, 뉴욕 등 대도시가 물에 잠기게 될 것으로 보이며 이 끔찍한 미래가 겨우 20여 년밖에 남지 않았다고 주장하고 있다.

🎬 주제 던지기

기후변화 문제를 해결하기 위해 과학기술, 그리고 각 나라의 정부 대책도 발전하고 있다. 이와 관련하여 다음과 같은 주장을 할 수 있다.

주장 ① 과학기술의 발달이 기후변화 문제를 해결할 것이다.

왜냐하면 과학기술은 기후변화를 일으키기 위해서가 아니라 인류의 편리를 위해 발전시킨 것이기 때문이다. 그러므로 기후변화 문제 해결에 초점을 맞춘 새로운 기술을 개발할 수 있다. 과학기술은 지속적으로 문제를 해결하고 인류의 번영을 만들어왔으니 기후변화 문제도 해결해낼 것이다. 기후변화의 속도를 늦추고 이에 대응하는 기술이 최근 과학기술의 핵심이기도 하다.

주장 ② 과학기술의 발달은 기후변화 문제를 해결하지 못할 것이다.

왜냐하면 현재의 기후변화가 과학기술의 발달 때문에 나타났기 때문이다. 그러므로 과학기술이 발달하면 기후변화 문제를 가속화할 수 있다. 산업화 시대에 과학기술이 이런 변화를 일으킬 줄 몰랐듯이, 현재의 과학기술도 미래에 어떤 문제를 일으킬지 알 수 없다. 과학기술은 만능이 아니다. 과학기술만 믿고 있다가는 인류의 생존에 위기를 맞을 수도 있다. 정말로 과학이 인류와 자연에 위해를 가하지 않을지 철저하게 검증할 필요가 있다.

🎬 토론 주제

과학기술이 더 발전하면 기후변화 문제를 해결할 수 있을까?

다양한 문화 속에서 함께 살아가기

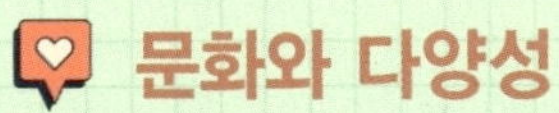

문화와 다양성

하나의 그림에는 수많은 색채가 담겨 있다.
하나의 색깔로만 칠해진 그림은 어디에도 없다.
수많은 색채들이 어울려서 하나의 명작을 만들어낸다.

—헤르만 헤세(독일의 작가)

문화에 따라
달라지는 삶의 양식

문화권, 경계, 북극 문화권, 건조 문화권, 이슬람 문화권,
기독교 문화권, 불교 문화권

사회심리학자인 리처드 니스벳의 『생각의 지도』[22]라는 책에는 퀴즈 아닌 퀴즈가 나옵니다. 여러분도 천천히 풀어보세요. 소, 닭, 풀이 각각 그려진 그림을 보여주면서 "이를 두 개의 범주로 구분해보세요"라는 주문을 받는다면 어떻게 해야 할까요? 먼저 생각해보고 친구에게도 물어보세요. 결과는 어떻게 나왔나요?

책에서는 사람들이 크게 두 가지 유형으로 구분한다고 말합니다. 소, 풀을 한 범주로 묶고 닭을 따로 두는 경우, 소와 닭을 한 범주로 묶고 풀을 따로 두는 경우가 그것입니다.

여러분은 어디에 속하나요? 저자는 소+풀, 닭으로 구분하는 양상은 주로 동양인에게서, 소+닭, 풀로 구분하는 양상은 주로 서양인에게서 나타난다고 합니다.

아리스토텔레스의 철학을 기반으로 하는 서양에서는 개체의 특징을 분석하고 유사성을 고려하여 동물과 동물이 아닌 것으로 구분하는데, 공자의 철학을 기반으로 하는 동양에서는 관계성을 고려하여 소가 풀을 먹기 때문에 소와 풀을 묶고 닭과 구분한다고 저자는 설명합니다. 동양과 서양의 무수한 차이를 너무 단순화하여 적용했다는 생각이 들기는 하지만, 주변 사람들에게 물어보니 어쩌면 니스벳의 주장이 옳지 않을까 하는 생각이 들었습니다.

지구상의 무수히 많은 사람들을 동양과 서양, 이렇게 두 범주로 구분하는 데에는 무리가 있을 것입니다. 그럼 어떻게 구분할 수 있을까요? 사람들의 삶의 모습, 즉 문화를 유사한 양상으로 묶어서 살펴보는 방식이 존재합니다. 그중에 하나가 '문화권'입니다.

문화권을 이야기하기 전에 우선 '문화'에 대하여 살펴봅시다. 문화라는 말을 좁게 해석하면 '교양이 있는' '예술' 등을 의미하지만 넓게는 '삶의 양식'을 말합니다. 의식주, 언어, 종교, 가치 등 살아가면서 행하는 거의 모든 것이 여기에 해당되지요. 문화권은 이러한 문화가 동질적으로 나타나는 지리적인 범위를 하나의 권역으로 묶은 것이라 볼 수 있습니다.

문화권은 어떻게 나눌까?

하나의 문화권으로 묶으려면 문화가 유사해야겠지요. 인간의 문화는 자연환경의 영향도 많이 받지만, 이웃한 지역과 오랫동안 교류하면서 문화가 전파되기도 합니다. 그러나 바다, 강, 높은 산 등 자연적인 경계에 부덮치면 교류를 하기 어렵습니다. 그러므로 문화권을 형성하는 데 자연환경은 중요한 경계입니다.

세계를 특정 문화권으로 나누기는 쉽지 않습니다. 명확한 범주를 가지고 세계 여러 지역을 정확하게 분류할 수 없다는 거죠. 다만 문화에 영향을 미치는 몇 가지를 고려하여 이렇게 시도해볼 수 있습니다.

기본적으로 문화는 환경의 영향을 받습니다. 기후나 지형 같은 자연환경이 의식주, 가치관, 종교 등에 영향을 미치지요. 자연환경만 문화권 형성에 영향을 주는 것은 아닙니다. 언어, 종교, 산업 같은 인문환경으로 인해 동일한 문화권으로 묶이기도 합니다.

그러다 보니 전 세계를 하나의 기준으로 구분하기보다는 자연환경이나 인문환경을 고려하여 근접한 지역 간의 문화적 유사성에 따라 다른 문화권으로 구분합니다. 세계 전체를 문화권으로 구분할 때는 대표적으로 북극 문화권, 유럽 문화권, 아시아 문화권, 오세아니아 문화권, 아프리카 문화권, 서남아시아와 북아프리카 문화권, 앵글로아메리카 문화권, 라틴아메리카 문화권으로 나눕니다.

그렇다고 위의 구분만이 옳은 건 아닙니다. 사람들마다 자신이 보고자 하는 것에 초점을 두어 문화권을 설정할 수 있지요. 예를 들어 음식을 먹는 방법에 따라 젓가락 문화권, 포크 문화권, 손으로 먹는 수식(手食) 문화권으로 구분해볼 수 있습니다.

젓가락 문화는 주로 한국, 중국, 일본 등 동아시아 지역에서 나타나고 주식이 밥인 경우가 많습니다. 포크 문화권은 주로 유럽과 유럽의 영향을 받은 지역에서 나타나며, 주식이 고기와 빵인 경우가 많습니다. 수식 문화는 서남아시아나 인도, 아프리카 등에서 나타나는데, 더운 지역이 많습니다.

음식을 먹는 방법으로 나눈 세 문화권이 형성된 근본적인 이유를 명료하게 이론적으로 설명하기는 어렵습니다. 다만 현재 문화가 나타난 양상을 보고 유사한 방식을 사용하는 인근 지역을 묶어서 구분한 것뿐입니다.

이런 점을 고려하면 문화권은 특별한 기준에 따라 분명하게 지역을 나누는 방법이라기보다는, 여러 지역 문화의 유사성과 차이점, 교류 등을 이해하기 위한 인위적인 구분으로 보아야 할 것입니다.

거친 자연환경 속에서 탄생한 문화권들

자연환경에 적응하거나 극복하는 과정에서 독특한 삶의 양식이 나타나서 문화권을 형성하기도 합니다. 기후나 지형 등 자연환경의 영향을 받은 대표적인 문화권으로 '북극 문화권'과 '건조 문화권'이 있습니다.

북극 문화권에는 북극 주변의 러시아, 캐나다 북부 지방 등이 포함됩니다. 주로 툰드라 기후대인데 추운 환경에서 지을 수 있는 얼음집을 짓고 살아갑니다. 가축으로는 추운 지역에서 살 수 있는 순록을 키우고요. 북극 주민들은 순록 고기로 음식을 해 먹고, 순록 가죽으로 의복과 신발을 만듭니다. 뼈를 이용해서는 장식품을 만들지요. 이동에는 순록이 끄는 수레를 이용하기도 합니다.

건조 문화권은 아시아의 고비사막을 지나 서남아시아, 사하라 사막이 있는 북아프리카까지 연결하는 곳으로 연평균 강수량이 아주 적은 건조 기후대 지역을 말합니다. 강수량이 적다 보니 초원이나 사막이 많아서 대

순록 썰매를 타고 이동하는 사람들. 추운 지방에서 살 수 있는 순록은 북극 문화권에서 쉽게 볼 수 있는 가축이다.

부분 유목을 하고, 일부는 오아시스에서 농사를 짓습니다. 주식은 유목으로 키우는 가축인 경우가 많습니다. 종교는 대체로 이슬람교가 많고요. 이 지역에서는 종교적 금기로 돼지고기를 먹지 않는 경우가 많습니다. 이는 이슬람 종교의 영향이라고 보기도 하지만, 돼지는 키우는 데 물이 많이 필요하므로 이를 고려해서 종교적 금기로 삼았을 수 있다는 주장도 있습니다.

사실 현대에는 북극 문화권이나 건조 문화권의 고유한 문화들이 많이 사라지고 있습니다. 매장된 자원이 개발되면서 경제적으로 여유가 생기고, 세계적으로 문화 교류가 이루어지고, 기술이 발달하면서 기후나 지형의 한계를 극복해 자연환경의 영향력을 뛰어넘었기 때문입니다.

인문환경에 따라 문화권을 구분한다면?

'아시아적 가치'라는 말을 들어본 적 있나요? 일본과 한국, 싱가포르 등 아시아 지역의 경제성장을 설명하면서 나온 표현입니다. 이 표현은 말 그대로 아시아 지역 국가들의 경제성장이 가부장적이고 권위주의적인 가치와 가족적 인간관계를 회사에 적용한 결과라고 봅니다. 사실 아시아적 가치[23]는 유교에서 강조하던 것과 일부분 관련이 있다는 점에서 어쩌면 적절한 설명일 수 있습니다.

이처럼 특정 지역 사람들의 가치나 사고, 종교 같은 인문환경에서 유사성을 보이는 지역을 묶어서 문화권을 제시할 수 있습니다.

대표적인 것은 종교에 의한 문화권 구분입니다. 종교는 사람들의 가치나 규범 등에 영향을 주고, 제례의식 등을 통해 의식주에도 깊숙이 영향을 미칩니다. 세계적으로 영향력이 큰 종교는 이슬람교, 기독교, 불교 등입니다. 그러므로 이슬람 문화권, 기독교 문화권, 불교 문화권으로 구분할 수 있지요.

이슬람 문화권에서는 코란(koran)◆을 경전으로 삼고 알라신을 믿습니다. 매일 성지인 메카를 향해 정해진 시간에 예배를 하거나 라마단이라는 기간에 단식을 하는 등 일상에 미치는 종교의 영향력이 큰 편입니다. 이슬람 교리는 돼지고기와 술을 금지하고 있습니다. 그래서 술 대신 커피를 비롯한 다양한 음료가 발달했습니다. 여성은 히잡◆ 등으로 의상을 제

◆ **코란** 혹은 쿠란. 이슬람교의 경전으로, 이슬람교의 창시자인 무하마드가 들은 천사의 계시를 정리한 것이다.
◆ **히잡** 이슬람 교리에 따라 여성들이 외출할 때 사용하는 얼굴 가리개의 일종이다. 히잡은 머리만 가리고 얼굴을 드러내는 스카프이며, 니캅은 눈을 제외한 얼굴 전체와 몸을 가린다. 몸 전체와 얼굴을 완전히 가리는 의상형이 부르카, 얼굴을 내놓고 전신을 가리는 의상이 차도르다.

한하고 사회적 활동에 대한 제약도 있는 편입니다.

기독교 문화권은 성경을 경전으로 삼고 유일신을 믿습니다. 주말에 예배를 드리며, 십계명으로 일상생활에서 지켜야 할 규범을 강조하지만, 사람들의 일상에 미치는 영향력은 많이 줄어들었습니다. 종교 제례에서 와인을 사용하는 경우도 있고 종교적 상징으로도 와인을 활용하기 때문에 기독교 문화에서 와인은 중요한 술입니다.

불교 문화권은 불경을 경전으로 삼습니다. 윤회를 강조하며 현생에서 다른 이들에게 선을 베푸는 것을 강조합니다. 또한 생명 경시를 문제 삼고 동물을 함부로 죽이는 것을 금하기 때문에 채식을 지향하지요.

산업별로 문화권을 엮는 것도 가능합니다. 크게 농업·유목·공업지역별로 문화가 달리 나타납니다. 농업지역은 집에 농기구를 보관하거나, 농산물을 말릴 수 있는 공간을 집 옆에 두는 경우가 많죠. 유목을 하는 경우는 이동이 쉽도록 게르처럼 해체와 조립이 간편한 집을 만듭니다. 공업지역에서는 가정과 직장 공간이 구별되기 때문에 집은 오로지 가족의 생활을 위한 공간으로만 활용하는 경우가 많습니다.

산업의 특성에 따라 인간관계 방식이나 생활 패턴, 시간 사용, 여가 방법도 달라집니다. 농업지역에서는 이웃 간에 협동을 강조한다면, 공업지역은 서로에게 무관심한 편입니다. 농업지역 주민은 농한기에 휴식을 취하지만 공업지역 주민은 주말이나 특정 기간에 휴가를 떠납니다.

그러나 현대에 들어와서는 이러한 산업별 생활양식의 차이도 많이 줄어들고 있습니다.

다양한 요소가 복잡다단하게 얽혀 있는 문화권

우리의 생활방식은 단순히 하나의 측면으로 결정되지 않습니다. 문화권도 마찬가지입니다. 문화권에도 다양한 요소가 결합되어 나름의 문화 현상이 나타나지요. 그러므로 같은 문화권 안에 있더라도 그 안에서 또 다른 문화권을 형성할 수 있습니다.

아시아 문화권에는 쌀을 주식으로 먹는 지역이 있는가 하면 밀가루나 고기를 주식으로 하는 지역도 있습니다. 자연환경에 따라 주요 산물이 다르기 때문입니다. 아시아 문화권 안에도 이슬람교를 믿는 집단과 불교 또는 힌두교를 믿는 집단별로 가치관이나 의식이 다르고 풍습에도 차이가 납니다. 그러므로 하나의 문화권이 하나의 환경 요소에만 영향을 받지 않고, 자연환경과 인문환경이 서로 영향을 미치는 것으로 보아야 할 것입니다.

한편 점차 여러 지역 간에 교류가 증가하면서 하나의 문화가 다른 문화에 영향을 주자 각 문화권의 고유한 특징이 줄어들었습니다. 매체의 발달로 인해 여러 문화를 동시에 접하게 되어 특정 문화의 고유성이나 폐쇄성이 줄어든 것도 그 이유 중 하나입니다. 그래서 문화권으로 특정 지역의 문화를 한정하는 일은 점점 어려워지고 있습니다.

제작 활동 특정 문화권을 홍보하는 팸플릿 만들기

1. 문화권을 하나 정하고 그 문화권을 선정한 이유를 정리한다.

2. 문화권을 잘 보여주는 사진 자료 등을 구한다.

3. 문화권에 대한 설명을 담아 6면이나 8면으로 접을 수 있는 팸플릿을 만들고 꾸민다.

학급 활동 문화권 박람회 열기

1. 학급 모둠을 여섯 개 이상 만든다.

2. 모둠별로 다룰 문화권을 하나씩 정한다.

3. 문화권을 소개할 자료(PPT, 벽보, 실물 자료, 식기, 의상 등)를 구한다.

4. 교실을 나누어 모둠별로 소개할 문화권 부스를 설치하고 사람들에게 공개한다.

2 끊임없이 충돌하고 섞이며 세상을 움직이다

문화 변동, 발명, 발견, 직접 전파, 간접 전파, 자극 전파, 문화 접변, 문화 융합, 문화 동화, 문화 병존, 전통문화

석굴암은 경주 토함산에 있는 우리나라의 대표적인 불교 유적입니다. 1995년에 유네스코 세계문화유산으로 등재될 정도로 예술적 정교함이 살아 있습니다. 석굴암의 중앙에 있는 본존불상을 제대로 알기 위해서는 먼저 간다라 양식을 이해해야 합니다.

간다라는 파키스탄에 있는 페샤와르 지역의 옛 지명입니다. 재미있는 것은 아시아에 속한 이 지역이 2,400년 전에 알렉산드로스 대왕에게 점령당해서 오랜 기간 그리스의 영향권 안에 있었고, 유럽과 인도를 오갈 때 꼭 거쳐야 하는 지역이라서 수많은 민족의 문화가 섞여 있다는 점입니다.

기원전 4세기경에 마케도니아의 왕이었던 알렉산드로스 대왕은 지금의 그리스, 터키, 이집트, 이란, 인도 등 유럽과 아프리카, 서남아시아 및 중앙아시아에 이르는 대제국을 건설합니다. 그리고 동서문화융합정책을

석굴암 본존불상의 정면 모습. 본존불상에는 그리스 조각 기법부터 인도 불교에 이르기까지 다양한 문화가 스며들어 있다.

강조하였고, 그리스의 문화가 아시아 지역의 오리엔트 문화에 스며들면서 만들어진 헬레니즘 문화가 탄생했습니다. 이 헬레니즘 문화가 인도의 불교 문화에 섞여 간다라 양식의 불상이 만들어졌습니다.

간다라 양식은 간다라 지역에서 그리스 조각상의 영향을 받아 나타난 것으로, 그리스의 조각 기법을 활용한 것입니다. 그래서 유명한 그리스의 조각 중 하나인 비너스상 같은 모습을 불상에서도 볼 수 있습니다. 간다라 양식은 중국을 거쳐 우리나라에까지 영향을 미쳤고, 석굴암의 본존불상에까지 스몄습니다. 그리고 일본의 불상에 영향을 미쳤습니다.

문화 변동은 왜 일어날까?

인간의 삶은 시간의 흐름에 따라 변화하고, 마찬가지로 문화도 변합니다. 특히 한 사회의 문화가 크게 변하여 사회 전반에 큰 영향을 미치는 것을 '문화 변동'이라고 합니다.

문화 변동은 다양하게 나타납니다. 먼저 불의 발견처럼 사회의 내재적 요인에 의해서 나타나는 경우가 있습니다. 내재적 요인은 크게 '발명'과 '발견'으로 나뉩니다.

우리나라에서는 세종대왕 시기에 발명한 한글로 인해 백성들이 문자를 사용하게 되면서 소통이 쉬워지고, 한글 소설이 나오는 등 새로운 문화가 형성되었습니다. 프랑스에서는 생물학자인 루이 파스퇴르가 백신을 발견하여 각종 전염병을 치료할 수 있는 의료 문화가 생겼고요.

알렉산드로스 대왕에 의해 그리스 문화가 불교 문화에 영향을 미친 것처럼 다른 문화와의 접촉이라는 외재적 요인도 있습니다. 인류는 전쟁, 포교, 식민지 개척, 교역이나 무역 등 다양한 이유로 다른 문화 집단과 접촉했습니다. 이때 외부의 문화가 전파되면서 문화 변동이 이루어지는 것입니다.

외재적 요인에 의한 문화 변동은 직접 전파, 간접 전파, 자극 전파로 나눌 수 있습니다. 직접 전파는 우리나라 사람들이 중국 사람과 교류하면서 한자나 불교 등을 받아들였던 것처럼 해당 문화와의 직접적인 접촉을 통해 문화가 전파되는 것을 말합니다. 간접 전파는 유튜브를 통해 라틴아메리카 지역에서 케이팝(K-pop)이 유행하듯이 인쇄물, TV, 인터넷, 제3의 지역 사람 같은 매개체를 통해, 즉 간접적인 접촉으로 전파되는 것을 말합니다.

자극 전파는 위의 두 가지와는 양상이 조금 다릅니다. 신라가 중국 한자의 음에서 아이디어를 얻어 이두를 표기했듯이, 다른 집단의 문화와 관련된 아이디어가 전달되어 문화 변동이 일어나는 것을 자극 전파라고 합니다. 대체로 직접 또는 간접 전파를 기반으로 발명이 결합되어 나타납니다.

어떤 방식으로든 전파가 이루어지면 기존 문화에 새로운 문화가 더해집니다. 이때 새로운 문화가 잠깐 유행했다가 소멸하거나 아예 처음부터 그것을 거부한다면 문화 변동은 이루어지지 않겠죠. 그러나 인류 역사에서 다른 문화들이 접촉하여 문화 변동이 이루어진 사례는 무수히 많습니다. 그 결과는 세 가지 유형으로 나타납니다.

문화 동화는 외부 문화의 영향으로 기존 문화가 대부분 사라지거나 약화되고 외부 문화를 수용하여 그 문화가 주류가 되는 양상을 말합니다. 에스파냐는 라틴아메리카에 식민지를 개척하면서 멕시코를 정복하고는 원주민들에게 에스파냐의 종교인 가톨릭을 믿게 하는 등 자신들의 문화를 전파하였습니다. 그 결과 현재 멕시코를 비롯해 라틴아메리카의 많은 나라에서 가톨릭을 믿고 에스파냐어를 사용하지요. 이것은 식민지 지배하의 문화 동화 때문입니다.

우리나라도 일제 강점기에 신사 참배를 통해 종교를 강요당했고, 일본어 사용과 창씨개명으로 문화 동화를 강요받은 역사가 있습니다. 과거의 문화 동화는 이처럼 식민지에 문화를 강제로 이식하는 형태로 많이 나타났습니다.

강제로 문화 동화가 일어나면 당연히 저항이 있습니다. 그런데 오늘날처럼 세계화된 상황에서는 자연스럽게 문화 동화가 일어나는 경우도 있습니다. 강제적이든 아니든, 문화 동화가 일어나면 전통문화가 사라지기도 합니다. 우리나라는 근대화 과정에서 서양의 의복이 들어오자 문화 동화가 일어났지요. 그렇게 일상생활에서 한복을 입는 전통은 거의 사라졌습니다.

문화 병존은 기존 문화에 새로운 문화가 들어오면서 두 문화가 함께 존재하는 양상을 말합니다. 두 개 이상의 문화가 나란히 공존한다고 해서 문화 공존이라고도 합니다.

다민족 국가인 싱가포르에는 여러 민족의 고유 문화가 공존합니다. 인구에 중국계, 말레이계, 인도계가 섞여 있어서 국경일에도 이들 세 민족의 종교 등이 영향을 미칩니다. 언어도 여러 가지가 공존합니다. 우리나라에 서양의학과 한의학이 같이 존재하는 것도 문화 병존에 해당합니다.

문화 병존은 각각의 문화 다양성을 인정하므로, 오늘날과 같이 다양한 문화가 만나고 새로운 문화가 유입되더라도, 이를 인정하고 받아들이기가 상대적으로 쉬워집니다. 또한 전통문화를 유지할 수 있는 장점이 있는 반면에 공존하는 여러 문화 간에 갈등이 일어날 수 있다는 단점도 있습니다. 프랑스어와 영어를 같이 사용하는 캐나다에서 프랑스 문화권이 영어 문화권에서 분리 독립하겠다고 주장하는 것도 후자의 예입니다.

문화 융합은 기존 문화 요소에 새로운 문화 요소가 결합하여 이전의 두 문화와는 다른 새로운 문화를 만들어내는 것을 말합니다.

강화도에는 한국 최초의 성공회 성당인 강화성당이 있습니다. 겉모습만 보면 마치 절 같은 느낌입니다. 범종과 종각도 있고 성당 건물은 절의 대웅전 같기도 합니다. 그런데 성당 내부에 들어가면 기둥들이 길게 늘어서 있는 전형적인 바실리카 양식을 볼 수 있습니다. 우리의 전통적인 사찰 건축 양식과 서양의 성당 건축 양식이 결합된 새로운 건축 양식인 것입니다.

1900년에 지은 강화성당이 이처럼 전통 한옥 사찰 모양을 하고 있는 이유는 그 편이 포교에 유리하다고 판단했기 때문일 것입니다. 이렇게 의도적으로 문화 융합을 하는 경우도 있지만, 문화 접변으로 인해 융합이 일어나기도 합니다.

이런 양상은 의식주 같은 일상에도 많이 나타납니다. 일명 밥버거, 흙침대, 온돌로 난방하는 아파트 등에서도 찾아볼 수 있습니다. 이렇듯 문화 융합은 전통에 새로운 것을 가미하여 문화가 발전하고 다양해지는 형태로 나타납니다.

세계화 시대에 전통을 얼마나, 어떻게 유지할 것인가?

싸이의 〈강남스타일〉이 세계적으로 유명해질 수 있었던 것은 유튜브라는 매체와 쉽게 따라 할 수 있는 유쾌한 춤 덕분이었을 것입니다. 노래 제목은 〈강남스타일〉이지만, 홍보는 지구촌 스타일로 한 것이죠. 2025년에 전 세계를 강타한 영화 〈케이팝 데몬 헌터스〉는 한국 전통문화와 케이팝 문화를 다루지만, 넷플릭스라는 세계적 영상 플랫폼을 통해 인기를 누리고 있습니다. 오늘날에는 세계화로 인해 상품, 자본뿐 아니라 사람들도 일이나 공부 등을 위해 국경을 넘습니다. 또한 매체를 통해 세계 여러 나라의 일상적인 것을 쉽게 접할 수 있지요.

그러다 보니 한 나라의 고유한 전통문화도 좋지만 다른 나라의 영향을 받은 문화 변동의 결과물들, 특히 문화 융합의 결과물들이 많은 인기를 끌고 있습니다.

주말에 광화문 앞이나 덕수궁 대한문 앞에서는 왕실 수문장 교대식을 볼 수 있는데, 이런 모습은 공주의 공산성에서도 볼 수 있습니다. 우리의 전통문화를 복원한 모습이라고 안내해서인지 이를 보려는 외국 관광객이 많습니다. 그런데 왕실 수문장 교대식을 볼 때면 과거에 정말 저렇게 했을까 하는 생각이 듭니다. 전문가의 도움을 받아 복원했다고 하니 아예 새롭게 지어내지는 않았을 테지만, 과거와 완전히 동일하지도 않겠지요. 관광객을 위해 상품화하는 과정에서 외국의 교대식을 일부 참고했을 수도 있고, 실제보다 화려하게 구성했을 가능성도 큽니다.

이처럼 오늘날 문화 상품이 각광을 받으면서 전통문화를 화려하게 복원하여 재현하려다 보니, 전통을 지키지 않은 전통문화를 보는 일이 많아졌습니다.

그래서 전통을 얼마나, 어떻게 유지할지가 논란거리입니다. 전통음식도 마찬가지입니다. 프랑스의 전통 빵 바게트는 근대화 과정에서 한때 전통적인 제조 방법을 많이 바꾸었습니다. 그러자 1993년에 밀가루, 물, 이스트, 소금만을 사용하여 정해진 방법으로 만든 것만 바게트라고 이름 붙이게 하는 법을 만들어 전통의 변형을 막았지요. 이 법은 아직까지 지켜지고 있으며, 전통을 고수한 바게트는 세계적으로 사랑받고 있습니다. 전통을 지켜냈을 뿐만 아니라 그 영향력을 높인 사례입니다.

우리나라의 떡볶이는 조금 다른 방식으로 세계인에게 다가가고 있습니다. 최근 궁중 떡볶이에서 시작하여 고추장 떡볶이가 인기를 누리고 있지요. 매운 음식을 못 먹는 외국인들을 위해 스파게티 소스로 떡볶이를 만드는 등 종류가 더 다양해지고 있습니다. 말 그대로 문화가 융합된 떡볶이가 나오는 것입니다. 이런 떡볶이는 전통문화를 유지한 것일까요? 즉석에서 싸서 먹던 김밥이 냉동 김밥으로 변화한 것은 어떻게 보아야 할까요? 불닭볶음면은 매운 것을 좋아하던 한국의 전통음식을 이어받은 것일까요?

사실 지금 우리가 누리는 대부분의 문화에 전통을 완전히 유지한 경우는 없습니다. 새로운 문화는 지속적으로 유입되고 전통문화는 끊임없이 변하면서 인류의 삶 속에서 다양하게 나타나고 있습니다. 그러므로 전통문화를 그대로 유지하느냐 변형하느냐는 선택의 문제여야 합니다. 다만 그 속에 담긴 고유한 정신을 어떻게 유지할 것인지는 그 문화를 누리는 사람들이 주체적으로 선택해야 하겠지요.

문화 변동은 우리의 삶을 변화시킨다

어떤 사회에서 하나의 문화가 변하면 다른 문화에도 영향을 미치고, 삶

전반에 변화를 가져옵니다. 서구식 결혼 양식이 들어오면서 예식장이 생기고, 주말 도심의 예식장 주변은 교통이 혼잡하지요. 옛날처럼 집에서 결혼식을 치르지 않으니 잔치국수 대신 뷔페 음식을 먹습니다. 그러면서도 "언제 국수 먹게 해줄래?"라는 표현은 그대로 사용합니다. 신붓집에서 결혼하던 전통에 따라 신랑 가족에게 하던 인사인 폐백은 서구식 결혼 양식이 도입되었는데도 오래 유지하다가 최근에는 성 평등 의식을 담아 양가 모두에게 드리는 방식으로 바뀌고 있습니다.

이처럼 어떤 문화가 변해서 그와 연결된 다른 문화가 변하기도 하지만, 그 안에 담긴 상징은 그대로 유지하기도 합니다.

오늘날에는 수많은 이주민과 매개체들로 인해 직접 또는 간접 전파가 증가했습니다. 이로 인해 끊임없이 새로운 문화와 맞닥뜨리지요. 그런 점에서 현재 나의 일상은 과거의 전통문화와 외부 문화가 섞인 문화 변동의 결과물입니다.

오랜 기간 전통문화가 유지되어온 동력이 무엇인지, 새로운 문화 요소로 인해 전통문화가 변하면서 우리의 일상이 얼마나 풍부해졌는지도 생각해볼 필요가 있습니다. 여기에 더해 새롭게 들어오는 외래문화가 현재 문화 속에 어떻게 자리매김해야 전통을 유지하는 동시에 문화가 발전할 수 있을지도 생각해봐야 합니다.

조사 활동 K-푸드 알아보기

1. 현재 K-컬처가 된 한국 음식을 조사한다.

2. 해당 문화에 담긴 한국의 전통이 무엇인지, 해당 문화가 인기를 끈 이유
   나 배경을 조사한다.

3. 한국의 전통음식 하나를 선택하여 세계인에게 알리는 홍보 활동을 해본다.

보고서 활동 외국에서 들어온 문화의 전달 통로 찾아보기

1. 간다라 양식의 불상처럼 외래에서 들어온 문화의 영향을 받은 것을 하나
   찾아본다.

2. 해당 문화가 이동한 경로와 그것이 가능한 이유를 조사한다.

   > 예 그리스 조각상의 문화는 '인도-중국-우리나라'로 이동

3. 조사 결과를 보고서로 정리한다.

보고서 활동 우리나라에 있는 문화 융합 건축물을 찾아보기

1. 강화성당처럼 전통 건축 양식과 외국의 건축 양식이 융합된 건축물을 세
   개 정도 찾아본다.

2. 직접 가서 사진을 찍거나 인터넷 검색을 해서 문화 융합이 나타난 양상을
   조사한다.

3. 문화 융합이라는 측면에 초점을 두어 조사한 내용을 기술하고, 건축물이
   융합적으로 만들어진 이유를 논리적으로 제시하여 보고서를 작성한다.

제안 활동 전통문화 세계화 전략 짜기

1. 우리나라 문화 중에 세계적으로 알릴 만한 문화를 하나 정한다.

2. 그 문화의 특징을 고려하여 세계에 알리는 데 필요한 전략을 찾아본다.

3. 전통문화 세계화 전략을 제시한다.

3 서로 다른 문화를 어떻게 이해해야 할까?

자문화 중심주의, 문화 사대주의, 문화 상대주의,
보편 윤리와 극단적 문화 상대주의

아프리카 하면 무엇이 먼저 떠오르나요? 저는 더운 기후, 사막이나 초원이 떠오릅니다. 더운 지역에서는 더위를 견디기 위해 최소한의 옷만 걸치는 경우가 많습니다. 아프리카 부족을 다룬 다큐멘터리를 보면 옷을 거의 입지 않은 듯한 모습을 종종 볼 수 있는데, 보는 사람은 쑥스러워도 화면 안의 사람들은 전혀 개의치 않는 듯합니다.

20세기 초 아프리카로 선교를 떠난 유럽인들 역시 옷을 입지 않은 아프리카 부족을 보고는 매우 당혹스러웠나 봅니다. 그리고 이들을 자신의 관점에서, 아프리카 부족은 문명적이지 않으며 심지어 옷을 벗고 있으니 음탕하다고 생각했습니다. 그래서 끊임없이 유럽에서 옷을 가져다주었고 결국은 그들에게 옷을 입히는 데 성공했습니다.

그러자 아프리카 부족에게 문제가 나타났습니다. 습하고 더운 지역에서 옷을 입으니 피부에 습진 등 피부병이 생겼을 뿐 아니라, 문신 같은 신분 표시가 감춰지면서 부족 내 위계질서가 흔들린 것입니다.

사실 옷을 입지 않고 문신이나 장신구로 치장하는 것은 아프리카의 자연환경에 대한 적응 결과로서 그들 부족에게는 최선의 선택이었습니다. 그런데 이를 이해하지 못한 선교사가 옷을 입히자 그들의 삶에 문제가 생긴 것입니다. 타인의 문화를 이해하는 태도는 이렇게 중요합니다.

브라질의 아마존강 유역에 살고 있는 부족의 삶을 생생하게 다룬 MBC 다큐멘터리 〈아마존의 눈물〉을 보면, 남녀 모두 실오라기 하나 걸치지 않고 몸에는 장신구와 문신뿐인 조에족이 등장합니다. 그 장면을 보면서 촬영팀은 좀 난감하지 않았을까 싶었습니다. 실제로 촬영팀이 방송 후 언급하기를, 처음엔 그들을 마주하기가 어색했으나 며칠이 지나고 나서는 옷을 입고 있는 자신이 이상하다는 생각이 들었다고 합니다.

문화에 '우월'과 '열등'이 있을까?

〈아마존의 눈물〉에 나오는 조에족의 삶은 현재 대한민국에서 살아가는 우리의 삶과는 무척 다릅니다. 그들은 일부다처제이며 사유재산 개념이 없습니다. 그래서 누가 사냥을 하든, 양이 많든 적든, 일단 먹을 것이 생기면 부족 전체가 나누어 먹습니다. 서로 물건을 공유하고, 공동육아를 기본으로 합니다.

소유 개념이 없다 보니 절도 같은 범죄가 일어나지도 않습니다. 누가 다투기라도 하면 동네 사람들이 와서 다툰 두 사람을 간지럼 태웁니다.

그러면 한바탕 웃고서 화해하지요. 이들의 문화를 두고 우리 문화보다 우월하다거나 열등하다고 평가할 수 있을까요?

어떤 문화를 기준으로 다른 문화를 평가하는 태도가 있습니다. 이를 문화 절대주의 태도라고 하는데 '자문화 중심주의'와 '문화 사대주의'가 여기에 속합니다.

자문화 중심주의, 우리 문화는 저들에 비해 우월하다

다른 문화를 열등하거나 미천하게 보고 자신의 문화를 우월하다고 보는 관점이나 태도를 자문화 중심주의라고 합니다. 자민족 중심주의라고도 하지요. 대표적인 예가 자신들을 세상의 중심이라고 여기는 중국의 중화사상입니다. 중국은 중화사상을 강조하면서 주변 국가들을 오랑캐 취급하고 그들의 문화를 미천하게 여겼습니다.

자문화 중심주의를 통해 자신의 문화를 긍정적으로 평가하고 주체성을 갖는 것은 좋지만, 다른 문화를 무시하는 데까지 나아가면 문제가 됩니다.

이런 관점은 다른 나라를 식민지로 삼아 그 나라의 문화를 발전시키는 것을 정당하다고 합리화할 수 있고, 경우에 따라 문화 제국주의를 옹호하기도 합니다. 일제 강점기에 일본이 문화 정책으로서 우리 문화를 말살하면서 창씨개명 등을 강조했던 것도 그 예입니다.

지금도 일부 일본인들은 일제 강점기 시대에 자신들이 한국에 근대화 문물을 전달했기 때문에 한국이 발전할 수 있었다고 주장합니다. 이 또한 자문화 중심주의적 사고입니다.

자신의 문화는 열등하게 보고 다른 문화를 우월하게 보거나 추앙하는 관점이나 태도를 문화 사대주의라고 합니다. 외국 것은 무엇이건 좋다고 맹신하는 자세가 해당합니다. 우리나라에서 한국어만 사용하기보다 영어를 섞어서 사용해야 멋지다고 생각하고, 외국인의 생활방식이 우리의 생활방식보다 무조건 우월하다고 선호한다면 문화 사대주의가 깃들어 있다고 볼 수 있습니다.

우리 고유의 것이라도 외국이 인정해야만 좋다고 인식하는 사고 또한 문화 사대주의라고 볼 수 있습니다. 문화 사대주의를 통해 다른 문화에 대한 개방성을 갖고 수용하여 자신의 문화를 발전시키려고 하는 것은 좋지만, 자신이 가진 문화의 근원을 무시하고 문화 식민주의로 나아갈 수 있다는 점에서 문제가 됩니다.

문화 사대주의가 강하면 문화의 주체성을 상실할 수 있습니다. 우리나라가 1970년대 근대화 과정에서 전통 가옥이나 유산을 낡은 것으로 치부하면서 서양의 의식주를 많이 수용한 것도 어찌 보면 문화 사대주의의 모습이라고 할 수 있습니다.

나의 삶의 방식을 다른 사람과 비교하여, 나는 우월하고 다른 사람은 열등하다고 말할 수 있을까요? 그러기는 어렵지요. 문화도 마찬가지입니다. 삶의 방식은 자연환경과 그로 인해 만들어진 고유한 전통과 역사 등에 의해 형성된 것입니다. 그러므로 어떤 절대적인 기준을 정해서 어떤 문화는 우월하고 어떤 문화는 열등하다고 말하기 어렵습니다.

이처럼 해당 사회의 맥락에 비추어 그 문화가 나타난 이유를 파악하고, 있는 그대로 이해하려는 관점이나 태도를 문화 상대주의라고 합니다.

〈아마존의 눈물〉을 인터넷으로 검색해보았더니 조에족의 생활을 보이는 그대로 소개하는 블로그도 많았지만 한편으로는 일부다처제, 옷을 벗고 생활하는 방식, 턱 장식을 비난하는 의견도 있었습니다. 그들의 주장은 이랬습니다. "옷을 벗고 생활하니 성이 문란해져서 일부일처제가 불가능하고, 턱 장식인 뽀뚜루 때문에 병이 생길 염려가 있는데도 무지몽매해서 그만둘 줄 모른다."

이런 주장에 따르면 한 사람이 여러 배우자와 결혼하는 복혼제(일부다처제 또는 일처다부제)는 성적 문란함 때문에 생겼어야 합니다. 하지만 그건 사실이 아닙니다. 일부 산악 지역에서는 일처다부제, 즉 남자 형제 여럿이 여성 한 명과 결혼하는 제도를 갖고 있습니다. 이런 곳은 대부분 땅이 척박하다 보니 경작에 어려움이 있고, 여성 노동력은 도움이 되지 않습니다. 그래서 여아 살해가 일어나기 때문에 신붓감이 절대적으로 부족합니다. 게다가 자녀들에게 재산을 분할하여 상속하면 삶이 더 궁핍해집니다. 이런 맥락으로 일처다부제를 선택한 것입니다.

이런 설명을 고려하면, 조에족의 일처다부제도 성이 문란해서 형성된 것이 아니라 그 사회의 역사와 맥락 속에서 만들어진 제도일 것입니다. 결국 '성 문란'이라는 잣대를 대는 것도 우리 사회의 기준으로 그들의 문화를 평가하는 셈입니다. 이런 점에서 일처다부제 그 자체를 미개하다고 비난할 수 있는지는 잘 생각해봐야 합니다.

보편 윤리에 어긋나는 문화도 인정해야 할까?

그렇다면 문화 상대주의를 적용하여 모든 문화의 가치를 인정하는 게 맞을까요? 그렇지 않음을 지적한 다음의 글을 봅시다.

"만약에 우리와 다른 사회에서 살아온 관찰자가 우리를 연구하게 된다면, 우리와 관계된 어떤 사실이, 그에게는 우리가 비문명적이라고 여기는 식인 풍습과 비슷한 것으로 간주될 것이라는 점을 인식해야만 한다. 여기에서 나는 우리의 재판과 형벌의 풍습에 대해 생각해보고 싶다. 만약 우리가 외부에서 이것들을 관찰하게 된다면 우리는 두 개의 상반되는 사회 유형을 나눌 수 있을 것이다.

어떤 무서운 힘을 지니고 있는 사람들을 중화시키거나 자기네에게 유리하도록 변모시키는 방법에 대해서, 식인 풍습을 실행하는 첫 번째 사회 유형에서는 끔찍한 사람들을 자기네의 육체 속으로 빨아들이는 것이 최선이라고 믿는다.

반면에, 우리 사회와 같은 두 번째 사회 유형에서는, 이 끔찍한 사람들을 일정 기간 또는 영원히 고립시킴으로써 사회로부터 추방하는 것을 행한다. 이를 위해 특별히 고안된 시설 속에 고립시키고 모든 접촉을 금한다.

우리가 미개하다고 여기는 대부분 사회의 관점에서 볼 때, 우리와 같은 사회가 행하는 이러한 풍습은 그들에게 극심한 공포를 불러일으키는 것이다. 단지 우리와 대칭되는 풍습을 지니고 있다는 이유만으로 우리가 그들을 야만적이라고 간주하듯이, 우리들도 그들에게는 야만적으로 보일 것이다."[24]

이 글을 쓴 인류학자인 레비스트로스는 문화 상대주의 관점으로 다른 집단의 문화를 이해하고 식인 문화도 야만이라고 간주해서는 안 된다고 주장합니다. 하지만 레비스트로스와 달리 다른 문화를 이해한다고 해서 모든 문화를 가치 있다고 인정할 수는 없다고 주장하는 사람들도 있습니다. 어떤 문화 현상이 왜 형성되었고, 어떤 사회적 맥락을 가지고 있는지 인정하는 것과 인류가 공유하는 보편 윤리에 비추어 옳다고 할 수 있는 것은 다른 문제라고 보는 거죠.

그러니까 문화 상대주의적인 태도나 관점을 갖더라도, 인류의 보편 윤리를 거스르는 문화까지 극단적으로 인정할 수 없다는 것입니다. 식인 문화의 경우 그런 문화를 택한 사람들에게 나름의 맥락은 있을 수 있습니다. 하지만 사람이 사람을 죽여서 신체의 일부를 먹는 일이 인류의 보편 윤리에 비추어 옳거나 가치 있는 문화라고 인정해서는 안 된다고 봅니다.

다른 예도 있습니다. 앞에서 나온 여아 살해 문화, 일부 문화권에서 일어나는 명예살인, 여성 할례 등도 보편적인 윤리에 어긋난다는 지적이 있습니다.

이렇게 보면 문화 상대주의는 모든 문화를 극단적으로 수용하거나 문화가 가진 문제를 회피하면서 인정하자는 관점이 아닙니다. 우리가 문화 상대주의 태도를 갖는다면, 세상의 다양한 문화에 대하여 왜 그런 문화가 형성되었는지를 파악하기 위해 노력하면서도 우리 문화 안에 혹시 윤리를 거스르는 요소가 없는지 성찰해야 할 것입니다.

제작 활동 우리 문화의 의미와 맥락 파악하기

1. 우리의 의식주 문화 중 하나를 선택한다.

   예 전통혼례, 한옥, 젓가락 문화

2. 선택한 문화 현상의 내용을 기록하고, 그러한 현상이 나타나게 된 기원을 자연환경이나 인문환경과 연관시켜 찾아본다.

3. 선택한 문화 현상의 맥락과 의미를 고려하여 문화를 소개하는 자료집을 제작한다.

제작 활동 일상 속에서 자문화 중심주의 혹은 문화 사대주의 찾기

1. 일상에서 나타나는 우리 문화에 대한 자문화 중심주의나 문화 사대주의 관련 사례를 찾아본다.

2. 그러한 관점이 왜 문제가 되는지를 나의 의견을 주장해보고, 자신의 주장에 대한 다른 사람들의 의견을 듣는다.

3. 조사한 자료와 자신의 주장, 다른 사람의 의견 등을 중심으로 PPT를 제작한다.

제작 활동 보편 윤리에 어긋나는 문화 현상에 대한 1분 뉴스 제작하기

1. 두 명이 짝을 이루어 보편 윤리에 어긋나는 문화 현상을 찾아본다.

2. 해당 문화 현상이 왜 문제가 되는지 이유를 찾고, 1분 뉴스로 리포트할 내용을 기사로 적는다.

3. 한 명은 기사 리포트를 하고, 다른 한 명은 그 내용을 휴대전화 동영상으로 찍어서 뉴스를 제작한다.

4 다름을 존중하는 사회로 나아가는 길

다문화 사회, 이주민, 동화주의, 다문화주의, 문화 다양성, 관용

미국은 종교의 자유를 찾아 유럽을 떠난 이주민이 주축이 되어 만들어진 다문화 국가입니다. 그 후 아프리카인들이 노예로 강제 이주하기도 하고, 아시아나 라틴아메리카 등지에서 일자리를 찾아온 이주민도 많으며, 유학하러 왔다가 정착한 사람들도 많습니다. 말 그대로 미국은 이민자들이 만든 사회라고 봐야 할 것입니다.

그런데 최근 미국에서는 2002년에 일어난 9·11 테러 사건을 경험하고 나서 이민을 반대하는 기류가 형성되고 있습니다. 이러한 기류와 관련하여 2015년에 가톨릭 교황은 미국 의회를 방문하여 "여러분 대다수가 이민자의 후손"이라고 말하였습니다.

그럼에도 2016년 트럼프 대통령은 당선 직후부터 반(反) 이민 행정명령을 시행하기 시작했습니다. 그러자 2017년 7월 4일, 이민 국가인 미국의

미국의 도널드 트럼프 대통령이 발표한 '불법 체류 청년 추방 유예 제도(DACA)' 폐지 행정명령을 무효화하기 위해 시위하는 사람들(2017년 11월 9일, 워싱턴 D.C.). DACA는 'Deferred Action for Childhood Arrivals'의 약자로, 어릴 때 부모를 따라 불법으로 미국에 들어와 살고 있는 젊은이들의 추방을 미뤄주는 제도이다. 이 제도를 폐지하려는 행정명령에서 트럼프 정권의 반 이민 정책을 엿볼 수 있다.

독립기념일에 수많은 유명인이 "우리 모두는 이민자의 후손"이고 이민이 현재의 풍요로운 미국을 만들어내는 데 일조했음을 강조하였습니다. 그는 2024년에 다시 대통령 선거에 승리하자 더 강력한 이민자 정책을 예고하였고 취임 후 이를 실제로 강행하였습니다.

사실 한 사회에 이민자가 많으면 단일한 문화를 가진 집단만 사는 사회보다 갈등이 더 많이 나타날 수 있습니다. 그러나 "비 온 뒤에 땅 굳는다"는 속담처럼 갈등이 항상 나쁜 것만은 아닙니다. 사회 구성원이 가진 다양성이 표출되면서 갈등이 드러나더라도 이를 잘 조정한다면 그 사회의 창조적 에너지가 막강해지기 때문입니다.

역사학자들 중에 "왜 호모사피엔스가 네안데르탈인을 이기고 지구에서 살아남을 수 있었을까?"에 관심을 가진 사람들이 있었습니다. 여기에는 다양한 가설이 있습니다. 누구는 호모사피엔스의 두뇌 용량이 크다고 주장했고, 어떤 이는 호모사피엔스가 전염병에 강하다는 가설을 내놓기도 했습니다.

그런데 최근 이런 가설이 등장했습니다. "네안데르탈인은 다른 부족과 교류가 없고 폐쇄적이었는데 호모사피엔스는 다른 부족과 교류하면서 문명을 발달시켰다"라는 것입니다.[25] 이러한 주장을 하는 이들은 네안데르탈인의 유적지에는 다른 부족의 유적이 없는데 호모사피엔스의 유적지에는 다양한 부족들의 유적이 남아 있다는 것을 근거로 제시합니다.

다양한 집단의 공존, 어쩌면 인류의 과거일 뿐만 아니라 미래일지도 모릅니다.

우리 사회에 만연한 이주민을 바라보는 차가운 시선

이란은 고대 페르시아가 위치했던 곳입니다. 고대 페르시아의 서사집 중 『쿠쉬나메』[26]라는 것이 있습니다. 간략하게 살펴보면, 페르시아의 왕자가 내전을 피해 신라로 와서 신라의 공주와 결혼하여 다시 페르시아로 돌아가 왕국을 되찾는다는 이야기입니다. 신라에는 처용처럼 서남아시아에서 온 사람에 관한 기록이 있고 서남아시아 유적들도 발굴되었기에 허무맹랑한 이야기는 아닙니다.

우리나라는 오래전부터 단일민족 국가라는 이미지를 강조해왔지만, 사실 역사에는 외국인 왕래와 거주 사실이 기록되어 있습니다. 일제 강점기와 미군정 시대를 거치면서 들어온 이주민도 있고, 지금도 일이나 공부, 결혼 등으로 이주한 사람들이 많지요.

한 사회에 다른 문화 배경을 가진 사람들이 5퍼센트 넘게 거주하면 다민족다인종 국가라고 하고, 다문화 사회, 다문화 국가라고도 부릅니다. 그러나 엄격하게 다문화 사회를 한 사회에서 다양한 문화를 가진 집단이 갈등을 넘어 서로 공존하는 사회로 보는 관점도 있습니다.

우리나라는 2024년 5월에 외국인 비율이 5.07퍼센트로 집계되어 다민족 다인종 사회가 되었습니다. 통계적으로도 확실히 다문화 사회가 된 것이죠.

그렇다면 우리나라는 이주민들이 살기 좋은 사회일까요? 1990년 이후 이주민이 많이 들어왔음에도 인종 및 민족 간 큰 갈등은 없었습니다. 그러나 이주민이 경험하는 차별과 편견 문제를 생각하면 아직 성숙한 다문화 사회라고 보기는 어렵습니다.

최근 들어 한국에 이주민이 늘어난 것은 여러 나라 간에 교류가 증가한 덕분입니다. 다른 나라에서도 같은 이유로 이주민이 늘고 있습니다. 우리나라 특유의 배경도 있습니다. 남아 선호 사상으로 인한 성비 불균형으로 인해 신붓감이 부족해지자 남성들이 주변 국가에서 배우자를 찾으면서 결혼 이주민이 생겼지요. 1990년대 급격한 경제 성장을 이루면서 힘든 일을 할 노동자가 부족해져 이주 노동자들도 증가했습니다.

그런데 결혼 이주 여성들은 한국에서 상당한 어려움을 겪었습니다. 한국 사회는 아직까지 혼혈이나 국제 결혼에 편견을 가지고 있는 데다가, 외국인 아내에게 전통적인 시댁 문화를 강요하고, 한국 전통에 빠르게 적응하길 요구하기 때문입니다. 우리 사회는 중노동을 하는 사람이나 가난한 사람을 경시하는 경향이 있어, '가난한 나라에서 일하러 온 사람'이라는 인식으로 이주 노동자를 바라보기도 합니다. 차별하거나 무시하는 시선으로 말이지요.

한국 사회에 왔으니 한국의 문화를 수용하고 따르라는 것은 그나마 나은 걸까요? 어느 목욕탕은 결혼 이주 여성이 에이즈를 옮길 가능성이 있다며 출입을 금했고, 결혼 이주 여성을 한국인으로 귀화시켜주면 남편에게서 도망갈 거라는 편견 때문에 한국에서 오래 거주하고도 국적을 얻지 못해 불편을 겪는 여성도 있습니다.

어떤 이들은 이주 노동자가 도망갈까 봐 여권을 압수하고 일을 시키기도 하고, 한국인들이 힘들어 꺼리는 직업군에서 주로 일하는데도 남의 나라에 와서 일자리를 빼앗는다는 시선을 견뎌내야 합니다.

우리의 필요에 따라 들어온 이주민들이 공존에 어려움을 겪고 있습니다. 다문화 다인종 사회를 넘어 성숙한 다문화 사회가 되기 위해서는 어떻게 해야 할까요?

이주민 문화, 적응하거나 공존하거나

프랑스는 신교와 구교 간에 종교전쟁 등을 겪고 정교분리의 원칙을 세웠습니다. 그래서 공적인 장소에서 종교 활동을 일절 금지할 뿐만 아니라 종교적인 식별이 되는 것이나 상징물을 공공장소에서 착용하는 것을 관습적으로 금지하고 있었습니다. 예를 들어 학교에서는 십자가 목걸이도 금지 대상이 됩니다. 그런데 이슬람 이주민들은 부르카라는 종교에 기반한 의상을 일상적으로 착용하지요. 그러자 학교 등 공공장소에서는 이를 착용하지 못하게 했습니다. 이슬람 학생들은 이 정책이 자신들의 전통을 금지한다며 반발했고, 이는 세계적으로 문제가 되었습니다.

이처럼 이주민이 많아지면 문화 갈등을 경험하게 됩니다. 생활방식 자체가 문화인데 다른 생활방식을 가진 사람들이 이주하여 여러 문화가 갈등을 일으키는 거지요. 그래서 이주민이 많은 사회에서는 해결 방안에 대하여 고민하고 대칭적으로 두 가지 관점에 따른 정책을 시행합니다.

하나는 '동화주의'입니다. 동화주의는 이주민들이 자신의 문화를 포기하고 이주한 나라의 문화를 받아들여 적응하고 살아야 한다는 관점입니다. 말 그대로 주류 문화 속에 이주민의 문화가 동화되는 것을 원칙으로 하기 때문에 이주민은 언어, 종교 등 이주한 나라의 문화에 적응해야 한다고 봅니다. 미국에서는 '용광로 정책'으로 이를 실행한 적이 있습니다.

용광로는 제철소에서 철물을 끓이는 도구지요. 그 안에서 모든 것이 녹아 하나가 되듯이 이주민도 자신의 문화를 버리고 새로운 문화를 수용해서 하나가 되어야 한다는 것입니다. 그래서 언어 등 다양한 분야에서 이주민의 문화를 고려하지 않고 빨리 적응하기를 요구합니다.

이런 정책을 쓰면 이주민이 들어오더라도 사회는 단일한 문화를 유지할 수 있어서 혼란이 적을 테고, 새로운 환경에서 살아야 할 이주민도 더 빨리 적응한다고 본 것입니다.

다른 하나는 '다문화주의'입니다. 다문화주의는 이주민이 원래 가지고 있던 문화를 유지하면서 새로운 나라의 문화도 이해하여 다양함을 지키자는 관점입니다. 이미 형성되어 있는 그 사회의 주류 문화가 있더라도 이주민이 반드시 그것만 따를 것이 아니라, 자신의 문화도 누리게 하여 다양한 문화가 공존하며 다양성을 유지하자는 것입니다.

미국은 용광로 정책에서 '샐러드볼 정책'으로 전환하면서 다문화주의로 전환하였습니다. 샐러드 그릇 안에 다양한 채소나 과일을 담지만 각자 모양을 유지하듯이, 다양한 문화가 공존하는 다문화주의를 표현한 것입니다. 이 정책에 따라 미국에서 한국인이 모여 사는 지역의 학교에서는 한국어와 한국 역사 등을 가르칠 수 있게 되었습니다. 한국계라는 정체성도 공존하게 하겠다는 것이지요.

다양성을 인정하는 성숙한 다문화 사회 만들기

다문화주의, 즉 샐러드볼 정책을 수용하면 다양한 문화가 공존하게 됩니다. 이주민이 많아진 현대사회에서는 문화 다양성을 인정해야 다문화주의가 지속될 수 있습니다. 캐나다는 원래 그 땅에 살았던 북미아메리카 원주민들과 영국과 프랑스 등 유럽에서 온 이주민이 함께 살고 있으며, 최근엔 아시아 등으로부터 수많은 이주민을 받아들인 다문화 사회입니다. 영국과 프랑스에서 온 이주민의 영향력이 크다 보니 영어와 프랑스어를 공용어로 사용하며, 이외 여러 문화를 보전하려고 노력합니다.

문제는 국가 공식 문서 등에 영어와 프랑스를 사용하는 등 문화 다양성을 지키자니 관련 비용이 많이 든다는 점입니다. 이로 인한 불편도 분명히 있습니다.

비용이 많이 드는 것은 어쩌면 사소한 불편일지 모릅니다. 문화 다양성은 의식주뿐만 아니라 가족 구성 방식, 언어, 종교, 가치관, 도덕, 의식, 전통, 제례, 인간관계, 세계관 등 삶의 전 영역에서 다름을 인정하는 것이기에, 문화 상대주의 태도를 일상적으로 가지고 공존해야 합니다.

그로 인해 나타나는 문제도 있습니다. 문화 상대주의를 주장하면서도 보편적 윤리와 관련하여 옳고 그름을 판단하는 일을 일상적으로 접한다는 데 우선 어려움이 있습니다. 종교나 가치관이 달라 서로 옳다고 믿는 것이 다를 경우엔 이를 다양성으로 인정하기보다는 갈등하거나 충돌하는 경우가 더 많습니다.

여기에서 우리가 주목할 것은 '관용'입니다. 관용은 나와 다른 주장이나 사상, 신념, 행동 등을 허용하고 나의 물리적 힘 등을 이용하여 나와 다른 사람들의 생각이나 사상 등을 강제하지 않는 것을 말합니다. "나는 당신의 의견에 동의하지는 않지만, 당신이 그 의견으로 인해 핍박을 받으면 그 의견을 말할 당신의 권리를 위해서 싸워주겠다." 관용을 강조한 프랑스 작가 볼테르의 말입니다.[27]

그러나 실제로 이렇게 실행하기는 쉽지 않습니다. 예를 들어 일부다처제 국가에서 온 이주민이 문화 다양성을 말하며 부인 셋을 합법적으로 인정해 달라고 하면 어떨까요? 이주민이 명예살인을 한 후 자신의 나라에서는 징역 6개월형 정도로 가벼운 벌을 받는다며 선처를 구한다면 이 또한 문화 다양성으로 수용해야 할까요?

결국 문화 다양성 인정은 문화 상대주의처럼 판단의 문제입니다. 그래서 사회가 문화 다양성을 존중하더라도 구성원들 중에 이를 받아들이기 어려운 사람이 한둘이라도 있으면, 갈등은 언제고 나타날 수 있습니다.

2011년 노르웨이에서 이슬람 이주민을 수용하는 데 앙심을 품은, 극단적 민족주의를 추종하던 백인이 청소년 캠프에 테러를 가하여 수많은 사상자를 낸 사건이 일어났습니다. 사건 직후 노르웨이 수상은 성명에서 다음과 같이 언급하며, 더 나은 민주주의가 이러한 갈등 해결의 답이라고 말했습니다.

"당신들은 우리를 파괴하지 못할 것이다. 당신들은 우리의 민주주의를 파괴하지 못할 것이고, 우리가 추구하는 더 나은 세상을 향한 노력도 파괴하지 못할 것이다. (……) 우리는 우리의 가치를 지키기 위한 투쟁을 결코 멈추지 않을 것이다. 우리는 노르웨이라는 열린 사회가 이 시험을 치러낼 것을 증명해야만 한다. 폭력에 대한 답은 더 나은 민주주의다. 또 더 높은 인류애이지, 결코 나약한 후퇴가 될 수 없다. 이것이 우리가 희생자들이나 그 가족에게 빚진 것이다."[28]

분명히 다문화 사회로 나아가는 데는 갈등이 존재합니다. 문제는 '다문화 사회'에 있는 것이 아니라 '갈등'에 있습니다. 그리고 이 갈등은 이주민을 봉쇄하거나 그들의 문화를 배척하고 미워하는 것이 아니라 더 나은 민주주의를 통해 다양성을 인정하는 열린 사회를 만듦으로써 해결할 수 있습니다. 다름을 인정하는 열린 사회, 다양성을 인정하는 다문화 사회. 그 길은 멀지만 고귀한 인류애의 이름으로 가야 할 길입니다.

제작 활동 역사 속의 이주민 소개하기

1. 우리 역사 속 이주민을 찾아본다.

   예 벨테브레

2. 그 역사 속 이주민이 한국 사회에 기여한 점을 찾아본다.

3. 그들을 소개하고 다문화 사회의 필요성을 강조하는 2~4면짜리 신문을
   만든다.

제작 활동 내가 만난 이주민 이야기

1. 주변에서 만날 수 있는 이주민과 면담을 한다.

2. 한국 사회에서 경험한 차별과 편견, 한국에서 좋았던 점, 한국 사회가 개
   선해야 할 점 등을 인터뷰한다.

3. 인터뷰 내용을 바탕으로 '이주민이 생각하는 한국 사회'라는 기사를 제작한다.

위키드

문학	미술	영화	뮤지컬
			V

소설 『위키드』를 원작으로 한 뮤지컬이다. 『오즈의 마법사』와 같은 배경과 인물이므로 같이 읽어보면 좋다.

줄거리

『오즈의 마법사』는 미국 캔자스의 소녀 도로시가 허수아비, 사자, 양철 인간, 강아지 토토와 함께 오즈의 마법사를 찾아가는 여정을 그리고 있다. 회오리 바람에 휩쓸려 오즈로 간 도로시는 착한 마녀 글란다를 만나서 오즈의 마법사가 집으로 가는 길을 알려줄 거라는 말을 믿고 길을 떠난다. 그러다 초록색 피부를 가진 나쁜 서쪽 마녀 엘파바를 만나는데, 우여곡절 끝에 서쪽 마녀를 녹여서 없애고 마침내 집으로 돌아가는 방법을 찾는다.

〈위키드〉에서는 주인공이 도로시가 아니라 초록색 피부를 가진 서쪽 마녀 엘파바다. 왜 그녀가 초록색 피부를 가지고 태어났는지를 비롯해 친구인 마녀 글란다에게 배신당한 이야기, 그리고 도로시가 엘파바에게 나쁜 짓을 하는 모습이 등장한다. 이처럼 〈위키드〉는 단순한 패러디가 아니라 인물을 새롭게 그려낸다.

누구의 이야기가 맞을까? 우리의 일상도 이렇게 다른 시각, 다른 관점으로 이야기할 수 있지 않을까? 누가 옳고 틀리다고 하는 것도 결국은 상대적이지 않을까?

🎩 주제 던지기

문화 상대주의나 문화 다양성 관점에서 본다고 해도 보편 윤리로 인정하기 어려운 것이 있다. 그래서 문화 인식에서 보편 윤리와 관련하여 두 가지 주장이 가능하다.

주장 ① 특정 문화를 보편 윤리 관점에서 문제라고 인식하는 것 또한 편견이다.

왜냐하면 보편 윤리라는 것도 주류 집단의 논리일 수 있으며, 결국 그것은 일부 집단의 편견이기 때문이다. 윤리나 가치라는 것도 문화의 일부인데, 문화가 다양하면 합치될 수 있는 보편 윤리를 찾는 것은 어렵다. 결국 문화를 보편 윤리로 본다는 것 역시 누군가의 시각이며, 다른 문화를 그런 시각으로 평가해서는 안 된다. 어떤 문화건 그 문화를 누리는 사람의 관점에서 보면 이해하지 못할 것이 없다.

주장 ② 문화 다양성을 인정하더라도 보편적 가치로 인정할 수 없는 것도 있다.

왜냐하면 문화가 다양하더라도 문화가 인간의 삶의 방식이라는 점은 같고 보편적으로 소중히 여기는 가치는 동일하기 때문이다. 인간 생명의 소중함 등 어떤 문화에서건 동일한 보편 가치가 존재한다. 인류가 강조하는 보편 윤리라는 측면에서 문화를 평가하는 것은 인류의 문화 공존을 훼손하는 것이 아니라 더 나은 공존을 위해 필요한 일이다.

🎩 토론 주제

보편 윤리로 문화를 평가할 수 있을까, 아니면 보편 윤리도 하나의 편견일까?

사회 변동에 따른 생활공간과 생활양식의 변화

생활공간과 사회

대도시에서는 우정이 뿔뿔이 흩어진다.
이웃이라는 가까운 교제는 찾아볼 수 없다.

—프랜시스 베이컨(영국의 철학자)

1 산업화는 우리의 삶을 어떻게 바꾸었나?

산업화, 산업혁명, 부르주아, 대중, 도시, 핵가족, 대의민주주의, 서구화

다음의 그림은 1891년 프랑스 파리의 서커스 공연장을 그린 조르주 쇠라의 작품으로, 제목 역시 〈서커스〉입니다. 제일 먼저 무대에서 말을 타고 공연하는 사람들의 모습이 보입니다. 뒤로 관객들이 보이네요. 옆 사람과 대화를 나누는 사람, 눈을 감고 있는 사람도 있는 걸 보니 아주 편해 보입니다. 옷차림이나 치장은 화려하지 않고 평범한데, 이를 보면 귀족이라기보다는 평민 같습니다. 귀족들이 격식을 갖추어 근엄하게 즐기는 오페라 공연과는 사뭇 다른 느낌이 나지요.

쇠라는 산업화 이후 변화한 사람들의 삶의 방식을 잘 포착하여 묘사한 화가입니다. 이 그림은 산업화 시대에 공장 일을 마친 후 저녁이나 주말에 서커스 공연을 즐기는 대중의 일상을 그린 듯합니다.

이러한 부분 외에 산업화는 인간의 삶을 어떻게 바꾸었을까요?

쇠라의 〈서커스〉(1891). 산업화 시대 대중의 일상을 엿볼 수 있다.

과학·노동력·자본, 산업화를 이끌다

사람들이 필요한 물건을 갖는 방법은 다양합니다. 자신이 직접 만들기도 하고, 다른 사람이 만든 것에 대가를 지불하고 가질 수도 있죠. 농경사회에서는 대개 필요한 물건을 직접 만들어 사용했습니다. 물물교환 등을 하기는 했지만, 그래도 스스로 만드는 경우가 더 많았을 것입니다.

그런데 증기기관이 발명되고 전기 같은 에너지원을 확보하자 공장에서 대량생산이 가능해졌습니다. 그러자 상황은 달라집니다. 다른 사람이 만든 물건에 대가를 지불하고 그 물건을 갖는 게 쉬워졌습니다. 이는 사람들의 삶을 크게 바꾸었습니다.

공장제 생산 방식에 기반한 제조업이 인간의 삶에 큰 영향을 미친 것은 바로 18세기, 영국에서 일어난 산업혁명부터입니다. 산업화가 시작된 것이지요. 산업화는 말 그대로 농축업 중심에서 제조업 중심으로의 변화를 말합니다. 공장제 생산이 활발해지자 대량생산과 대량소비가 가능해져서 경제적인 변화도 컸지만, 정치·사회·문화적으로도 엄청난 변화가 나타납니다.

먼저 기존과 완전히 달라진 생산과 소비 방식부터 살펴보지요. 이런 변화를 이끌어낸 것은 첫째로 동력, 기계 같은 과학기술의 발달입니다. 영국의 발명가 제임스 와트의 증기기관이 실용화되면서 18세기 후반에 들어서는 다양한 공장에서 증기기관을 이용하여 물건을 만들어냈죠. 증기기관은 석탄을 캐는 데도, 면방직 공장에서 기계를 돌리는 데도 사용되었습니다. 증기기관차나 증기선 같은 수단이 등장하자 대량생산한 물건을 쉽게 유통할 수 있게 되었고, 당연히 사람들도 편리하게 이동할 수 있었죠. 이후 지속적으로 이어진 기계 발전은 산업화를 더욱 촉진했습니다.

둘째는 노동력입니다. 일자리가 늘어나자 공장이 들어서는 곳에 사람들이 많이 모이기 시작했습니다. 자연히 도시가 형성됩니다. 농촌에서 일하던 사람들이 도시로 이동하여 노동자가 되었습니다. 과거에 장인으로 대접받던 사람들은 몰락하거나 노동자로 흡수됩니다.

셋째는 자본입니다. 산업화 이전에는 왕족이나 귀족 같은 지배 계층의 상당수가 주어진 신분을 세습했습니다. 그런데 산업화 이후에 '부르주아'라는, 산업혁명 전에 무역을 통해 자본을 축적한 신흥 유산계급이 생겨납니다. 부르주아는 시민혁명을 통해 정치적 권력까지 잡으면서 새로운 정치적 지배 계층으로 떠올랐습니다. 세습에 의해서가 아니라 개인의 노력에 의해 새로운 지배 계층이 형성되기 시작한 것입니다.

이 세 가지 요소는 산업화를 가능하게 한 동력이었고, 무수한 삶의 양식을 변화시켜 나가는 데에도 주도적인 역할을 했습니다.

산업화가 바꾼 풍경 ❶ : 노동자의 탄생

산업혁명이 시작된 영국. 1811년경, 실존 인물이라고도 하고 가상 인물이라고도 하는 네드 러드 등 일군의 노동자들이 밤에 복면을 하고 섬유공장의 기계를 파괴하는 사건이 일어납니다. 이는 지도자인 러드의 이름을 따서 러다이트운동이라고 부릅니다.

이들은 왜 이런 짓을 한 걸까요? "증기기관 하나가 때로는 1,000명을 실업자로 만들고, 모든 노동자에게 나누어줘야 할 이익을 한 사람의 수중에 넘긴다. 기계가 새롭게 개선될 때마다 숱한 가정의 빵이 강탈당한다."[29] 이 사건의 원인에 대한 당시 신문평입니다.

이 사건은 기계가 인간의 일자리를 대체할 거라는 두려움을 가진 노동자들이 행한, 산업화에 대한 저항이자 악덕한 자본가에 대한 저항입니다. 산업화 이전에는 땅을 가진 지주와 농노, 혹은 귀족과 평민의 계급적 대립이 있었다면, 산업화 사회에서는 자본가와 노동자라는 새로운 계급의

공장에 침입해 기계를 부수는 러다이트들. 이들은 실업과 생활고의 원인이 기계에 있다고 보았다.

대립이 만들어진 것입니다.

어느 시대든 노동이 즐겁기만 할 수는 없었겠지만, 특히 산업화 초기에 노동자들은 하루 16시간씩 장시간 노동을 하였습니다. 공장 환경도 열악해서 일하다가 다치거나 죽는 경우도 많았고요. 게다가 그때는 10세 이하의 어린이들도 적은 임금만 받고 일을 했습니다. 당시에는 이런 것을 사회 문제로 인식하지 않았습니다.

그러다 러다이트운동이 일어나자 노동자들은 착취당하는 삶에 대해 각성했고, 노동조합을 결성하는 계기가 됩니다.

90여 년이 흐른 후 1900년에 영국에서는 노동당이라는 정당이 만들어집니다.[30] 그리고 사회법의 대표적 사례인 노동법을 만들어 정부가 노동자의 삶을 보호하려는 노력도 합니다. 심야 노동 금지, 1일 노동 시간을 10시간으로 제한, 아동노동 금지 등 현재 강조하고 있는 노동보호 조건을 법적으로 규정하면서 노동자의 삶이 조금씩 개선되기 시작했습니다.

그러나 러다이트운동에서 중요하게 다루었던 열악한 조건과 분배의 불평등에 대한 문제는 오늘날에도 완전히 해결되지 않았습니다. 노동 관련 법이 만들어진 이후로도 노동자의 삶의 질을 개선하라는 주장과 저항은 지속적으로 나타나고 있습니다.

산업화가 바꾼 풍경 ❷ : 대중의 등장

산업혁명 전에 시민혁명이 일어나 보통선거 제도가 도입되었습니다. 그러나 노동자 등 다수의 사람들은 여전히 선거권이 없었고, 투표권이 있다 하더라도 누구는 1표, 누구는 3표, 하는 식으로 불평등하게 부여되었습니다. 당시 민주주의가 발달했다고는 하지만 경제적 수준이나 성별 등 여러 조건에서 제한이 있었기 때문에 정치적 평등이 완전히 이루어진 것은 아닙니다.

그러자 영국에서 재산에 따른 차별을 없애고, 남성 노동자들도 선거권을 갖게 해달라고 요구하는 차티스트운동이 일어납니다.[31] 1838년에 '남성에게 보통선거권 부여, 균등한 선거구 확정, 비밀투표 도입, 매년 선거, 의원 보수 지급, 의원 출마 자격에서 재산 자격 제한 폐지'를 핵심 내용으로 담은 '인민헌장(People's Charter)'을 만들었습니다. 이를 의회에서 통과시키기 위해 지지자들이 여기저기서 차티스트 대회를 열면서 사회운동의 성격이 더해졌습니다.

차티스트운동은 당시 영국 사회의 다른 이슈에 묻히기도 하고, 경제적 번영 시기엔 사람들의 관심에서 멀어지면서, 원했던 결과를 얻지 못한 채 끝났습니다. 하지만 시간이 많이 흘러 차티스트운동에서 강조한 여섯 개 조항 중 '매년 선거'를 제외한 나머지 조항은 모두 수용되었습니다.

법안의 이름인 'Chater(헌장)'에서 이름을 딴 이 운동은 결과적으로는 실패했다고 볼 수 있습니다. 그러나 보통선거가 확장되고 평등선거가 이어지면서 다수 대중에 의한 정치가 가능한 사회로 바뀌는 데 큰 공헌을 했다는 점은 인정해야 할 것입니다.

당시 대중의 일상은 어땠을까요? 농경사회와 달리 공장 시간표대로 정해진 시간에 출퇴근하고, 월요일부터 일을 하다 주말에는 휴식을 취하고, 화장실에 가는 것도 정해진 시간에만 가능하고……. 규칙대로 움직이는 공장에서 노동자들이 협동해야 했기에, 산업화 이후 사회에서 시간은 금이었습니다.

이 금쪽 같은 시간을 정확하게 지키기 위해 사람들이 쉽게 볼 수 있게 광장의 높은 첨탑에 시계를 내걸었지요. 영국 국회의사당 빅벤의 큰 시계탑처럼 말입니다. 공장 가동 시간을 맞춰 살다 보니, 사람들의 일상도 그와 비슷해졌습니다.

일하고 쉬는 시간대가 비슷해지고, 공장에서 대량생산한 물건을 소비하다 보니 사람들의 인간관계와 생활 모습이 비슷해졌습니다. 쇠라의 〈그랜드 자트 섬의 일요일 오후〉라는 그림에서도 일에 지친 사람들이 휴일에 자연으로 나와 휴식을 취하는, 비슷비슷해진 삶의 모습을 엿볼 수 있습니다.

대중은 왜 평등선거를 주장했나?

대개 민주주의를 말할 때 아테네의 직접민주주의를 이야기한다. 아테네에서 직접민주주의가 가능했던 것은 도시 규모가 작아 구성원이 쉽게 모일 수 있었기 때문이다. 그런데 더 중요한 이유가 있다. 당시 시민들은 노동에서 자유로워 시간이 여유로웠다는 점이다. 노예가 노동을 대신했기에 시민들은 한데 모여서 정치적인 문제를 직접 논의하고 의결할 수 있었던 것이다.

그런데 산업화 이후 노동자들은 노동을 하여 생활을 유지해야 했다. 그래서 선거권과 피선거권을 얻고도 정치에 직접 참여하기 어려웠다. 결국 대표를 뽑아서 정치에 대한 세부적 논의를 일임하는 대의민주주의를 택할 수밖에 없었다. 대의민주주의에서는 투표로 자신의 정치적 의사를 표현하기 때문에 보통선거와 함께 평등선거도 매우 중요했다. 그래서 재산 같은 조건으로 인해 투표권이 제한받지 않고, 누구의 표든 같은 가치를 갖는 평등선거를 도입했다. 이는 민주주의를 제대로 작동하게 하는 원동력으로 보아야 할 것이다.

한편 도시로 이동한 수많은 노동자들은 인간적인 유대보다는 일에 의해 생활방식이 규정되는 삶을 살게 됩니다. 일을 바탕으로 인간관계를 형성하다 보니 개인 간의 유대는 약해지고 생활양식은 획일화되었습니다. 산업화 시대에 사람들이 하루하루 기계 속 부품처럼 살아가는 모습을 풍자한 〈모던 타임즈〉라는 영화도 있지요. 이로 인해 나타나는 인간 소외 현상이 사회문제가 되기 시작합니다.

산업화가 바꾼 풍경 ❸ : 도시라는 공간

산업화가 한창이었던 19세기 후반 영국의 소설가 아서 코난 도일은 셜록 홈스라는 탐정을 주인공으로 한 추리소설을 세상에 내놓았습니다. 런던 베이커 가 221B 하숙집에 사는 주인공 셜록 홈스는 왓슨 박사와 함께 도난에서 살인에 이르기까지 다양한 사건을 해결합니다.

셜록 홈스는 논리적이고 과학적인 추리로 사건을 해결하지만, 인간적으로는 매우 냉정한 인물입니다. 아직도 대중적 인기를 누리는 이 셜록 홈스는 어쩌면 당시의 과학기술 발달을 상징하는 인물이 아닐까 합니다. 특히 산업화된 도시 공간에서 분자적 인간관계를 맺으면서 살아가는, 산업화 시대를 상징하는 인물 말입니다.

홈스라는 탐정이 하필 런던에 등장한 것은 우연만은 아닐 겁니다. 일자리를 찾아 도시로 사람들이 몰려들자 도시 인구는 그 어느 때보다 넘쳐났습니다. 19세기 초 인구가 100만 명이었는데, 20세기 초반에 여섯 배나 늘어나 600만 명이 넘었으니까요. 이렇게 대도시가 되자 촌락에서와 달리 익명성이 강해지고, 아무리 일을 해도 먹고살기 힘들어지는 빈민도 늘어났습니다. 당연히 범죄도 많아질 수밖에 없습니다. 급격하게 늘어난 도시민들 사이에서 생기는 치안 문제를 공권력만으로 해결하기는 어려웠을 것입니다. 그러자 사람들은 사적으로 탐정을 찾게 된 것이지요. 역시 산업화된 공간에서의 삶과 관련이 있어 보이지요?

산업화된 도시민의 삶을 힘들게 한 것이 또 있습니다. 공장에서 나오는 연기로 인한 대기오염이 그것입니다. 당시 런던을 묘사한 그림마다 스모그가 빠지지 않는 걸 보면 대기오염이 얼마나 심각했는지 알 수 있습니다. 그 많은 사람들이 모여 살며 내놓는 폐기물도 오염을 부추겼지요. 인구가 몰려드는 속도에 비해 화장실 같은 공중시설이 늘어나지 않아서 인구 200명당 공중 화장실 하나 정도였던 시절도 있었다고 합니다. 그러니 도시가 얼마나 지저분했을지 상상이 되나요?

셜록 홈스가 활약한 19세기 후반 들어서는 공중 화장실도 꽤 많이 생기고, 하수도 등 기반시설도 약간 정비되면서 도시에서의 삶이 조금씩 나아집니다. 셜록 홈스를 다룬 영화를 보면 그가 사건 해결을 위해 왓슨 박사에게 런던의 하수도로 들어가라고 하는 장면이 있습니다. 19세기 중반에 런던 템스강 오염을 해결하기 위해 하수도 시설을 마련했기 때문에 그런 설정도 가능해졌지요.

과거에도 도시가 존재했지만 산업화 이후에 생성된 도시는 이전과 다릅니다. 인류 초기에 인구가 밀집해 살던 나일강이나 인더스강은 인간의 생존에 적합한 자연환경을 가지고 있었습니다. 그러나 산업화 시대의 도시는 자연적 조건에 더하여, 상업 조건이나 과학기술의 발달이라는 인간 노력의 결과가 체계적으로 갖추어진 조건에서 성장하게 되었습니다. 인구 밀도가 높아지고, 건물 고도가 높아지고, 교통과 통신, 상수도와 하수도 등 사회 간접자본 또한 충분히 갖추어진 도시로 말이지요. 현재 우리가 살고 있는 도시는 바로 산업화가 이루어낸 공간적 발명품입니다.

산업화가 바꾼 풍경 ❹ : 핵가족 융성

산업화 이전 농경사회에서는 농사를 짓는 데 많은 노동력이 필요했죠.

가족이나 친족이 모여서 사는 것이 생산성을 높이는 데 도움이 되었습니다. 그러다 보니 결혼한 2세대 이상이 한 집에 같이 사는 확대가족이 많았던 거고요. 그렇다고 결혼한 한 세대만 있는 가족, 즉 부부와 자녀로 구성된 핵가족이 아예 없었던 것은 아닙니다. 다만 핵가족으로 살더라도 대부분 부락을 이루어 모여 살았지요.

그런데 산업화로 사람들이 일자리를 찾아 주거지 이동이 빈번해지자 가족 형태가 바뀌기 시작합니다. 각자의 직장까지 쉽게 이동하려면 친족들끼리 모여 살기보다는 독자적으로 움직일 수 있는 핵가족이 유리해졌지요. 이렇게 그 시기의 대표적인 가족 유형이 핵가족으로 변합니다. 핵가족은 산업화 시대를 가능하게 해준, 달리 말하면 산업화 시대에 적응한 가족 형태라고 볼 수 있습니다.

핵가족에서는 부부를 중심으로 가정을 이룹니다. 그러다 보니 가족 내 애정이나 친밀감에 대한 요구가 많아지고 가족끼리의 관계가 수평적이 되지요. 후에 가족 관계에서 개인주의적 정서가 자리를 잡게 된 계기가 마련된 셈입니다. 또한 대중교육이 도입되어 자녀를 직접 교육하지 않는 등, 전통적으로 가족이 가졌던 사회화나 경제적 기능들이 사회로 이전됩니다. 이러한 변화는 향후에 여성의 사회 진출을 가능하게 하는 계기로도 작동합니다.

산업화는 서구화로 이어지고

그런데 다른 나라도 아니고 왜 영국에서 산업혁명이 시작되었을까요?

그 이유는 첫째, 영국에 산업화의 자원인 철강이나 석탄 자원이 풍부했기 때문입니다. 증기기관이 발명되자 이를 에너지로 활용할 수 있었고요. 둘째, 그 당시 영국은 다른 나라보다 빠른 시기에 시민혁명을 거쳤고 부르주아가 정치적 자유를 누리고 있었습니다. 이들이 산업혁명의 중추적인 역할을 했지요. 영국의 부르주아 중 일부는 종교의 자유를 찾아 유럽 대륙에서 영국으로 이주한 신교도들이었습니다.

이런저런 이유를 보면 영국에서 산업혁명이 먼저 시작된 이유는 단순히 경제적 조건만이 아니라 정치·사회·문화적 조건이 연계된 결과였음을 알 수 있습니다. 산업화의 동력이 된 산업혁명은 시민혁명의 영향을 받았고 시민혁명과 함께 근대사회로의 전환에도 큰 영향을 준 것이지요.

산업화로 인해 인간 이성의 소중함과 과학기술에 의한 사회 변화 가능성을 인식했고, 보통선거 확대와 평등선거를 통한 대중정치 도입, 대량생산과 대량소비를 기반으로 하는 시장경제 체제 형성, 신분제에서 벗어난 노동자와 자본가 집단 등장 등 근대적 생활양식이 나타납니다. 산업화 이후에 확산된 대의민주주의, 자본주의, 개인주의적 가치 등을 고려하면 실제로 산업화 이후 인간의 삶은 과거와는 완전히 달랐습니다.

영국에서 시작된 산업화가 서유럽, 미국, 일본 등을 거쳐 다른 나라로 확장해가는 과정에서, 공업 중심의 경제적 변화만 일어나지는 않았습니다. 앞서 시민혁명이 산업화에 영향을 미쳤음을 보아도 알 수 있지요. 일본이나 우리나라 같은 아시아 국가에 산업화가 나타나면서 정치·경제·문화·의식적 측면에서 서유럽의 영향을 받기도 했습니다. 이렇듯 산업화는 단순한 경제적 변화가 아닙니다. 산업화는 생활방식을 바꾸었고, 서유럽, 즉 서구[32]의 생활방식을 수용하는 '서구화'였다고 볼 수 있습니다.

창작 활동 19세기 프랑스 화가의 그림으로 보는 산업화 컬렉션 만들기

1. 쇠라의 작품처럼 산업화 당시의 모습을 그린 그림들을 선정한다.

2. 미술 평론집 등을 참조하여 각 그림에서 나타나는 모습 중 어떤 것이 산업화 사회의 산물과 관련이 있는지를 파악한다.

3. 여러 가지 그림을 참조하여 산업화 사회의 풍경을 담은 컬렉션에 이름을 붙이고 그림을 소개한다.

창작 활동 과학기술의 발달과 산업화를 설명한 연대기 만들기

1. 증기기관 등 산업혁명에 영향을 준 과학기술의 리스트를 만든다.

2. 각 과학기술이 산업화에 결정적인 영향을 준 이유를 파악한다.

3. 이들 과학기술의 발달 과정과 그에 따른 사회 변화를 연대기 형식으로 제작한다.

글쓰기 활동 우리나라 산업화의 주요 장면을 연결하여 이야기 만들기

1. 우리나라의 산업화를 보여주는 사진 자료를 10개 고르되, 과학기술, 노동자, 도시, 가족생활 등 다양한 측면을 고려하여 사진 자료를 구성한다.

2. 각 사진에 나타난 산업화의 특징을 고려하여 산업화 초기에 살았던 사람들의 생활양식에 대한 이야기를 만든다.

3. 이야기와 사진을 적절하게 구성하여 리포트를 구성한다.

도시의 성장과 도시민의 삶

도시화, 메트로폴리스, 메가시티, 메갈로폴리스, 도시문제,
환경오염, 열섬 현상, 도시성, 마을 공동체 운동

1964년의 어느 날, 새벽 3시를 조금 넘긴 시각. 뉴욕의 한 아파트 단지에서 여성의 고함 소리가 들렸습니다. 그리고 정적. 아파트 단지 안의 길가에서 키티 제노비스라는 여성이 35분 동안 세 번에 걸쳐 칼에 찔려 "살려달라"며 비명을 질렀지만, 결국 죽은 채로 발견됩니다. 경찰의 수사에 따르면 아파트 단지 안에서 살해 장면을 목격한 사람들이 38명이나 되었다고 합니다. 하지만 그중 누구도 범죄자에게 경고하는 고함을 지르거나 경찰에 신고하지 않았습니다.

목격자가 다수 있는 이 살인 사건에 대해, 언론은 '왜 38명이나 되는 목격자 중 아무도 피해자를 도와주지 않고 모두 방관자가 되었는가?' 하는 의문을 품습니다. 당시 신문기사들은 방관자들의 태도와 관련하여 "차가운 사회" "무감각한 시민정신" "인간성 소멸" 같은 헤드라인을 뽑았고, 한

기자는 "대도시라는 익명성에 따른 결과"라고 평했습니다.[33] 대도시에 살면서 갖게 된 냉담함이 만들어낸 결과라는 것입니다.

그런데 이 사건에 대하여 심리학자는 조금 다른 설명을 합니다. 목격자 38명을 인터뷰한 결과, 방관자들은 하나같이 다른 사람이 경찰에게 연락했을 거라고 생각하여 아무런 조치를 취하지 않았다고 했습니다. 이를 책임감 분산 효과라고 하며, 방관자 효과◆라고도 합니다.

1964년 뉴욕에서 일어난 이 살인 사건에서 다수의 방관자가 나타난 원인이 무엇인지도 중요하지만, 더 관심을 가져야 하는 것은 여전히 비슷한 사건이 현재 우리가 살고 있는 공간에서도 일어나고 있다는 점입니다. 우리 역시 그날 새벽에 살인 사건을 목격한 38명의 방관자 같은 도시민으로 살아가고 있으니까요.

도시의 성장과 기능적 분화

산업혁명 이후 수많은 노동 인력이 이동하면서 도시가 형성되었습니다. 그래서 도시화는 산업화에 영향을 주고 산업화는 도시화에 영향을 줍니다. 산업화가 고도화될수록, 촌락 지역이 도시에 편입되어 도시는 더 많아지고 더 커집니다.

도시는 인구로 결정됩니다. 우리나라는 인구가 5만 명 이상이면 도시로 보는데, 이런 기준은 나라마다 다릅니다. 인구가 200명만 돼도 도시로 보는

◆ **방관자 효과** 주변에 사람들이 많을수록 혼자 있을 때보다 어려움에 처한 사람을 덜 돕게 되는 현상을 뜻한다.

덴마크와 스웨덴같은 나라도 있으니까요. 좌우간 산업화된 국가에서는 다수가 도시민으로 살아갑니다. 서유럽은 인구의 70퍼센트 이상이 도시에 거주합니다.

도시화는 도시 인구가 늘면서 일정한 공간에 인구밀도가 높아지고, 사람들이 주로 하는 일이 제조업이나 서비스업이 되어가는 양상을 말합니다. 그러나 이것만을 두고 도시화라고 하지는 않습니다. 위의 양상에 더하여 그곳에 사는 사람들의 생활양식이나 가치관 등에서 도시만의 독특한 현상이 강화됩니다. 이는 도시의 문제가 되기도 합니다.

도시는 성장하면서 기능적인 분화를 시작합니다. 과거 서울에는 중심에 행정기관과 백화점, 시장 등 도·소매 시설이 있었고, 외곽에 공장 지대가 형성되었습니다. 그런데 서울의 범위가 점점 커지고 대기업 본사나 금융기관 등이 모이는 지역이 생기면서, 도시 공간이 기능으로 분화되었습니다. 또한 더 이상 도시로는 사람들의 주거를 해결하지 못하게 되자 도시 외곽에 대규모 주거 단지가 개발됩니다. 이처럼 도시 공간이 기능에 따라 개발되면서 행정·상업·공업·금융·주거 등으로 분화합니다.

그런데 도시의 주거 공간이라고 모두 비슷하지는 않습니다. 이 역시 계층과 인종 등 다양한 요인에 의해서 분화합니다. 학자들의 설명으로는 동심원형이냐 선형이냐에 따라 달라지지만, 일반적으로 도시의 중심에서 조금씩 멀어질수록 저소득층, 그다음으로 중산층, 그다음에 고소득층의 주거지가 형성됩니다. 어떤 경우에는 중심지나 공장 등 업무 지역 근처에 저소득층, 그 외곽에 중산층, 고소득층의 주거 지역이 위치하기도 합니다.

한번 형성된 계층별 주거지가 그대로 지속되는 것도 아닙니다. 미국의 자동차 산업으로 성장한 도시 디트로이트를 배경으로 하는 〈그랜 토리

노)라는 영화가 있습니다. 보수적인 백인 노인 월트로 분한 클린트 이스트우드는, 자신이 오랜 기간 살아온 동네가 베트남 이주민의 주거지로 변해가자 역력히 싫은 티를 냅니다. 하지만 여러 가지 이유로 쉽게 떠나지는 못하지요. 여차저차해서 이웃인 베트남 출신 남자아이와 연령을 초월한 우정을 맺고, 위기에 빠진 그를 살리기 위해 자신을 희생하면서 영화는 마무리됩니다.

월트가 살던 곳은 원래 백인들의 주거지였습니다. 그런데 시간이 흐르자 중산층 백인들은 더 좋은 신흥 외곽 주거지로 이주하고, 그곳은 슬럼화되면서 아시아계 이주민들의 주거지가 됩니다. 이처럼 경제적 여유가 있는 이들이 더 좋은 주거지로 이동하면 중산층의 주거지는 저소득층이

나 이주민의 주거지가 되기도 하고, 심한 경우에는 슬럼화되어 범죄의 온상으로 변하기도 합니다.

그래서 같은 도시에서도 부촌과 빈민촌으로 구분됩니다. 그러므로 도시민에게 어느 동네에 사는지 묻는 것은 그의 계층을 확인하는 방법이자 무례한 질문이 될 수도 있습니다.

메트로폴리스에서 메갈로폴리스까지

초기에 기능적 분화를 통해 도시 규모가 커지면서, 인구가 100만 명이 넘는 메트로폴리스, 즉 거대도시가 형성되었습니다. 산업화 초기 유럽에서는 런던이 최초로 메트로폴리스가 되었고, 지금은 대부분의 산업화된 국가에서 메트로폴리스가 나타납니다. 우리나라도 서울을 비롯하여 부산, 인천, 광주, 대전과 같은 대도시들이 형성되었고요. 이 도시들은 인구

가 100만 명이 넘고, 경제나 문화 등 다방면에서 중추적 역할을 합니다. 그러다 인구가 1,000만 명이 넘는 메가시티가 등장합니다. 우리나라의 경우 서울이 해당됩니다.

최근에는 메갈로폴리스, 즉 초거대도시(권)이라는 새로운 현상이 나타났습니다. 이는 어떤 도시가 인접한 대도시와 하나의 띠를 이루면서 교통, 통신망 등이 연결되어 기능적으로 일체화되는 모습, 국가 경제 등에 중추적인 역할을 하는 경우를 가리킵니다. 미국의 경우 동북부 해안 지역에 위치한 보스턴-뉴욕-필라델피아-워싱턴으로 이어지는 지역이 대표적인 메갈로폴리스입니다.

메트로폴리스, 메가시티, 메갈로폴리스에 이르기까지 도시는 수평적으로 확장해왔습니다. 그러나 최근에는 수직적으로 고도를 높여가는 성장을 합니다. 서울의 경우를 볼까요? 1930년대 초반까지만 해도 5층짜리 화신백화점이 서울에서 가장 높은 건물이었죠. 서울에 집단 거주 주택인 아파트가 도입된 초기에도 대부분 5층을 넘어가지 않았습니다. 하지만 지금은 가장 높은 건물이 123층이나 되고, 40층 이상 되는 건물은 이곳저 곳에서 쉽게 볼 수 있죠.

거대한 도시에 우뚝 솟은 주상복합 건물은 주거지, 사무, 관광, 쇼핑 등 모든 기능을 담고 있어서 독자적으로 하나의 도시가 됩니다. 많은 나라들이 초고층 건물을 짓는 것을 과학과 건축기술 발달의 상징, 부의 상징으로 여기기 때문에 도시의 마천루♦는 계속 늘어날 것으로 보입니다.

도시 성장이 만들어낸 문제들

사람들이 도시로 몰리면서 도시는 수평적으로, 동시에 수직적으로 확장되는데 이 과정에서 다양한 문제들이 나타납니다.

우선 도시로 사람들이 집중되면 녹지를 주거지로 만들어야 하므로 자연환경이 파괴됩니다. 녹지가 사라지면 겉으로는 도시가 깨끗해 보일지도 모르지만, 많은 인구가 방출하는 오염 물질이 지하로 흘러들어갑니다. 종종 하천에 섞이기도 하고요. 공장이나 자동차에서 발생하는 오염원도 대기를 오염시킵니다.

계층에 의해 주거지가 나뉘면서 지역 간 불평등 현상이 나타납니다. 주택 공급보다 수요가 더 많기 때문에 신도시를 개발해도 집값은 지속적으로 오릅니다. 농작물의 생산지와 멀어지니 농산품 가격도 오릅니다. 기본적으로 도시민은 촌락에 사는 이들에 비해 더 많은 생활비를 부담해야

♦ **마천루** 하늘을 찌를 듯이 솟은 아주 높은 고층 건물을 말한다.

합니다. 이렇게 보면 도시민이라는 이름은 그냥 주어지는 게 아니라 고비용을 부담한 결과이지요.

도시의 환경도 대가를 치릅니다. 고층 건물은 자연스러운 바람길을 막지요. 그러다 보니 도시 사람들은 시원한 바람을 맞기가 어렵고, 오염 물질도 흘러가지 못합니다. 그래서 도시는 갈수록 더워지고 더러워지는 것이죠.

콘크리트와 유리로 만든 고층 건물은 낮에 뜨겁게 달궈져서 도시의 밤을 덥힙니다. 편리한 이동을 위해 깐 아스팔트만큼 녹지가 줄어 이 역시 기온을 변화시키죠. 도시를 만들어내는 인공물로 인해 더워진 도시에서 여름을 보내야 하는 사람들은 어쩔 수 없이 에어컨을 사용하고, 에어컨 실외기에서 나온 더운 바람이 안 그래도 더운 도시를 더 달굽니다.

이렇게 도시는 농촌보다 열을 더 많이 뿜으면서도 자연스럽게 배출하지 못합니다. 결국 대기오염이나 인공열 때문에 주변 지역에 비해 온도가 높게 나타나는 열섬 현상이 나타납니다. 보통 주변 지역에 비해 3~4도 정도 높게 나타난다는군요. 우리나라 대부분의 도시에서 열대야 현상이 증가했는데, 열섬 현상이 그 원인일 가능성이 큽니다.

근래 뉴스에 층간소음으로 인한 살인 사건이 종종 등장합니다. 고독사 소식도 종종 들리고요. 이들 사건과 앞서 뉴욕 살인 사건이 어딘가 닮은 것 같지 않나요? 무엇 때문에 이런 사건들이 발생할까요?

도시화가 되자 직업 또한 다양하게 분화하여 종류가 많아졌습니다. 1차 산업 위주인 농업사회와 달리 2차 산업과 3차 산업에서 다양한 직업이 생겼고, 공장제 대량생산 과정에서 직업 분화가 심해졌지요. 기존에 가정에서 해결하던 많은 일들이 직업으로 바뀌기도 했습니다. 어린이집, 유치원, 식당, 이·미용업 등이 대표적인 예죠.

현대인은 대단지 아파트 등 주거 지역에서 모여 살면서도, "옆집 숟가락 개수까지 안다"던 시골 어르신들과 달리 옆집 사람 얼굴도 모르고 살아갑니다. 그러다 보니 뭔가 문제가 생기면 인정으로 해결하기보다 법으로 해결하려고 합니다. 또한 여의치 않을 때 폭력을 사용하기도 하고 종종 살인까지 갑니다. 그런 사건마저도 금세 잊히고요.

사실 도시민으로 살아가는 사람들 대부분은 뉴욕 살인 사건의 방관자처럼 남의 일에 개입하기를 별로 원하지 않습니다. 혼자 타고 있는 엘리베이터에 들어오는 사람이 분명 같은 층에 사는 낯익은 얼굴이라 하더라도 서로 인사하지 않습니다. 불편하지 않을 정도로 거리를 두고 모르는 척하지요. 이를 '시민적 무관심'이라고 합니다.

시민적 무관심과 함께 익명성은 도시인의 중요한 특성입니다. 엘리베이터, 버스, 스포츠센터에서 만나는 낯익은 사람들. 얼굴은 알지만 그 외엔 아무것도 모르고 서로의 삶에 개입하지 않으며 문제가 생겨도 도와주지 않는 생활. 도시민의 이런 삶은 좋은 걸까요, 나쁜 걸까요?

도시 속의 새로운 움직임, 마을 공동체 운동

익명성, 이질성, 무관심. 도시의 삶을 상징하는 표현들입니다. 그런데 최근 들어 이를 개선하려는 움직임이 나타나고 있습니다. 아파트에 'ㅇㅇㅇ마을'이라는 이름을 붙여서 농촌 같은 성격을 부여하기도 하고, 엘리베이터 안에서 인사 나누기 캠페인을 하는 공동주택도 있습니다. 단독주택 지역에서는 담장 없애기 사업을 통해 주민들 간의 소통을 강조하기도 합니다.

도시 내에서 마을 공동체를 만들려는 움직임도 나타납니다. 공동육아나 친환경 음식에 대한 관심을 가진 이웃끼리 협동조합을 만들기도 합니다. 주민들이 협력하여 도시에서 생태계 보호를 위한 다양한 문제를 해결하는 모임을 만들기도 합니다. 대표적인 곳이 서울의 '성미산 마을'입니다. 성미산 마을은 행정적으로 존재하는 지역이 아니라 망원동, 성산동, 연남동 일대 주민들이 만든 연대적인 공간입니다.

성미산 마을 같은 사례는 오랜 기간 수평적·수직적 분화를 하며 비대해진 도시에서 비슷한 생각을 가진 사람들이 연대하여 과거 공동체의 특징을 찾으려고 하는 새로운 공동체 운동이라고 볼 수 있습니다. 마을 공동체 운동은 도시에서도 비슷한 가치를 지향하는 사람들이 모여서 도시적 익명성과 이질성, 무관심을 극복할 수 있음을 보여줍니다. 이런 노력이 있다면 한밤중에 도와달라는 외침을 듣고도 38명이나 외면한 제노비스 사건 같은 일이 줄어들 수 있겠지요.

메트로폴리스, 메갈로폴리스의 '폴리스'는 과거 아테네의 도시국가인 '폴리스'에 어원이 있습니다. 정치학에서 폴리스를 설명할 때, 도시의 가장 높은 곳에서 소리쳐 부르면 그 목소리가 도달하는 정도의 공간이라고 말합니다. 직접민주주의가 가능한 공간을 상징적으로 표현한 것입니다. 오늘날 마을 공동체 운동을 보고 있노라면, 거대해진 메트로폴리스, 메가시티, 메갈로폴리스 안에서 과거의 '폴리스'를 만드는 게 아닌가 하는 생각이 듭니다.

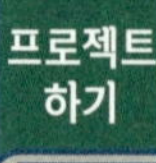

제작 활동 **대도시의 역사 지도 만들기**

1. 거주하는 곳에서 가까운 대도시(광역시)를 찾아서 그 역사를 찾아본다.

2. 대도시의 확장 과정을 찾아보고 지도에 변화 과정을 그려본다. (대도시 역사 지도 만들기의 경우, 북미 대륙 등 세계 여러 지역의 메갈로폴리스 형성 과정을 그려보아도 된다.)

3. 대도시로 성장하는 과정에서 나타난 문제를 한두 가지 찾아서 같이 제시한다.

조사 활동 **세계의 초고층 건물 소개하기**

1. 세계 여러 나라의 초고층 건물을 10개 찾는다.

2. 초고층 건물의 특징을 비교하고, 내가 가장 좋아하는 건물을 택한다. 그 이유를 도시민의 삶과 관련하여 설명해본다.

보고서 활동 **도시의 마을 공동체 찾기**

1. 내가 사는 지역의 마을 공동체를 찾아서 방문하다.

2. 지역의 사진을 찍고, 마을 사람들과 인터뷰를 한다. (인터뷰 내용은 미리 준비한다.)

3. 마을 지도와 함께 그 지역의 공동체 특징을 정리하여 소개하는 보고서를 만든다.

3 삶을 연결하는 교통과 통신의 발달

교통과 통신, 철도, 도로, 빨대 효과, 지역의 획일성과 다양성

하계 올림픽은 4년마다 열리는 지구촌 축제입니다. 우리나라가 처음으로 올림픽에 참가한 것은 1948년 런던 올림픽이었습니다. 광복되고 얼마 안 된 상황인지라 참가한 선수는 67명이었지요.

이들은 서울에서 런던까지 기차, 배, 비행기를 바꾸어 타면서 이동했습니다. 서울역, 부산역, 일본 요코하마, 상하이, 홍콩, 콜카타(캘커타), 카이로, 로마, 암스테르담을 거쳐 런던으로 가는 데만 20여 일 걸렸다고 합니다. 긴 여정에 힘들었을 텐데도 최초로 대한민국이라는 이름을 달고 출전하여 역도와 복싱에서 동메달 두 개를 땄습니다. 그러나 당시에 우리나라에서는 이들의 경기 장면을 직접 보지는 못했지요.

2012년 7월 27일에 다시 런던 하계 올림픽이 열렸습니다. 선수단은 370여 명이었고, 인천 국제공항을 통해 비행기로 10여 시간 만에 런던에 입성했

습니다. 13개의 금메달을 비롯하여 28개의 메달을 획득하면서 종합 성적 5위에 올랐습니다. 다양한 매체가 경기를 실시간 중계하여, 곧바로 소식이 한국에 전해졌지요. 같은 런던에서의 올림픽이었지만, 64년이 지나 교통과 통신이 발전한 덕분입니다.

라쇼텐이라는 학자는 "길은 공간을 열어준다"[34]라고 말했습니다. 인간은 길을 통해 다른 공간으로 나아갑니다. 길은 인간을 다른 곳, 다른 삶, 다른 사람과 연결해주는 역할을 합니다. 인간은 길을 도로로 만들고, 그 위에 교통 시설을 올립니다. 그러면서 새로운 경관을 만들고 사람들의 삶에 변화를 가합니다.

도시는 도로망으로 연결되어 이곳저곳으로 쉽게 이동할 수 있습니다. 인구가 많은 도시일수록 더 많은 도로망이 형성되고, 도로망이 발달하면 인구가 밀집하여 새로운 도시가 만들어지기도 합니다. 그러다 보니 도로와 교통시설의 번영이나 쇠락에 따라 도시의 운명도 달라집니다. 걸어서 이동할 수 있는 길과는 다른, 길 위의 도로와 도로 위의 교통 시설을 통해 인간은 새로운 공간과 사람을 만나면서 새로운 삶을 일굽니다.

통신은 직접 이동하지 않아도 다른 공간의 사람들을 연결해줍니다. 이전에는 동물을 이용하기도 하고 사람이 직접 움직이기도 했지요. 그러다 매체를 이용하고 통신이 발달하자, 인간은 더 가깝게 연결되었습니다. 통신 발달은 인간의 물리적 거리를 줄이는 역할을 해왔습니다.

이렇듯 교통과 통신은 자연환경을 극복하고 삶의 공간을 확장하는 역할을 합니다. 더불어 인간의 삶에 다양한 공적인 영역과 소통의 영역을 만들어주지요. 최근에는 교통과 통신이 급속하게 발전하면서 인간의 삶만이 아니라 자연 또한 변하고 있습니다.

도로와 철도의 발달이 바꾼 일상

경부고속도로가 준공된 것은 1970년 7월 7일입니다. 왕복 4차선 도로인 경부고속도로는 우리나라 산업화에 중요한 기둥 역할을 했습니다. 그리고 고속도로 주변으로 많은 도시들이 만들어졌습니다. 철도는 일제 강점기 때 들어왔는데 최근에는 KTX라는 초고속열차가 다니며 사람들의 생활공간에 많은 변화를 주었습니다. 고속도로 건설로 전국이 일일 생활권이 되었다면, 이제 KTX 덕분에 반나절 생활권이 되었습니다. 자연스레 우리의 생활도 달라졌지요.

익스트림 통근족

'익스트림 통근족'이라는 말을 들어본 적 있나요? 도심 외곽에 살면서 출퇴근에 세 시간 이상 쓰는 사람들을 가리키는 말입니다. 이들은 자가용이나 출퇴근버스를 이용하기도 하고, 지하철을 타기도 합니다. 10여 년 전에 이미 익스트림 통근족이 50만 명을 넘었고 지금은 60만 명가량 될 것입니다.

이들은 대도시에서 일하지만 높은 집값, 익명성, 자녀 교육 문제, 환경 등 다양한 이유로 외곽에 거주합니다. 그래서 이들의 교통 시설 수요가 증가하고, 이에 따라 도심과 위성도시, 외곽 주거지를 잇는 도로나 교통이 확충되었지요.

최근에는 거주지에서 먼 대학에 진학한 학생들이 왕복 네 시간 거리를 당일로 왔다 갔다 하는 경우가 많습니다. 그래서 어떤 대학교는 아예 기차 한 칸을 빌려서 두 시간짜리 강의를 개설하기도 하더군요. 이런 학생은 학교에 자주 왔다 갔다 하기 힘드니 일주일에 3일만 가도 되도록 시간

서울에서 부산, 30분 만에 이동한다?

우리나라의 고속철도의 최고 시속은 300킬로미터 정도다. 그런데 이를 더 발전시켜 시속 400킬로미터 수준으로 무정차 운행을 하여 2시간 여 만에 서울-부산 이동을 가능하게 만들겠다는 발표가 있었다.[35] 기술이 더 발달하면 30분 이내에도 가능해질 것이라 한다.

메갈로폴리스로 연결되어 있는 미국 뉴욕에서 워싱턴D.C.까지 실제 거리는 400킬로미터로 서울에서 부산 정도의 거리다. 현재는 자동차로 4~5시간 정도, 고속철을 타도 두 시간이 넘게 걸린다. 그런데 2017년 미국에서는 뉴욕-필라델피아-볼티모어-워싱턴D.C.를 연결하여 29분에 주파할 수 있는 '하이퍼루프'라는 총알 열차를 도입한다는 소식[36]이 전해졌다.

400킬로미터나 되는 거리를 29분 안에 가려면 시속 1,200킬로미터 이상 달려야 하니 놀라운 일이다. 상상 이상으로 발전하는 교통과 통신은 이동 시간을 줄여주고, 그만큼 경험할 수 있는 공간을 넓혀준다. 이런 발전 속도라면 우주에서의 생활도 영화에서만 가능한 일이 아닐 것이다.

표를 조정하기도 합니다.

이런 일들이 가능한 이유는 도로나 교통망이 잘 연계되면서 지역 간 이동이 편리해졌기 때문입니다. 앞으로 교통시설이 발달하고 도로망이 잘 연결될수록 서울 외에 다른 많은 도시에서도 이런 익스트림 통근족 및 통학족이 증가할 것입니다.

음료수를 마실 때 컵을 입에 대고 마시면 조금씩 나누어 마시게 되는데, 빨대로 빨아들이면 바닥에 고인 음료수까지 한꺼번에 입으로 들어오지요? 이것을 '빨대 효과'라고 합니다. 빨대 구멍이 크면 내용물을 한번에 더 쉽게 빨아들일 수 있지요.

교통과 통신이 발달하여 반나절 생활권이 되자 인구 이동에서도 이와 같은 빨대 효과가 나타났습니다. 과거에 접근성이 약했던 지역 사람들이 대도시로 쉽게 이동하게 되면서, 마치 한 호흡에 빨대로 빨려 올라가듯이 움직이게 된 것이지요. 그리고 사람들이 쉽게 이동하면서 이전에 없던 경제·사회·문화 문제가 나타나게 되었습니다.

서울에서 춘천으로 가는 ITX 청춘 열차가 생기자 서울 사람들은 전보다 춘천으로 쉽게 이동할 수 있게 되었습니다. 제일 먼저 곤란해진 사람들은 춘천 대학가의 원룸이나 하숙, 자취집 등 임대업을 하는 사람들이었습니다. 서울에 사는 학생은 1시간 30분이 채 안 되는 이동 시간과 비용 등을 고려할 때 학교 옆에 집을 구하기보다 서울에서 통학하는 편이 낫기 때문입니다. 심지어 학생들이 저녁까지 춘천에 남아 있지 않고 수업 후 바로 서울로 돌아가버려서, 대학가에서 임대업을 하는 사람들은 물론이고 주변 상가까지 타격을 받았습니다.

부산에서 서울로 이동하려면 다섯 시간은 걸렸는데 KTX 개통 후에는 세 시간 이내로 줄었습니다. 이제 부산 사람들은 쇼핑을 위해서, 병원에 가기 위해서, 여행을 하기 위해 서울로 옵니다. 서울 사람들은 쇼핑이나 병원 진료 때문에 부산에 가진 않겠지만, 여행 삼아서는 자주 갈 수 있겠지요.

교통이 발달하기 전, 사람들은 주로 주거지 근처에서 식사, 쇼핑, 병원 방문 등 일상적 일을 처리했습니다. 하지만 KTX 같은 교통 시설 발달로 이동이 쉬워지고 통신의 발달로 예약 등이 가능해지면서 다른 도시권으로 이동하여 의료 등의 서비스를 받으려고 합니다. 이렇게 한 지역의 소비자가 다른 대도시권으로 빨려 들어가는 빨대 효과는 소도시에서 일하는 상인을 경제적으로 힘들게 만듭니다. 심한 경우에는 그 지역의 상권이 붕괴하기도 하지요. 더한 경우에는 지역 소멸을 가져올 수 있습니다.

그렇다고 긍정적인 효과가 아예 없는 것은 아닙니다. KTX로 인해 가족은 서울에 두고 부산에서 일하는 사람들은 왕래하기가 편해졌지요. KTX 역사가 들어오면 새 역사를 중심으로 주거지나 상권이 변하기도 합니다.

이렇듯 교통과 통신의 발달은 인간의 심리적 거리에 변화를 주며, 지역 상권의 흥망을 결정짓기도 하고, 중심지도 바꿉니다. 이런 변화는 누군가에게는 편리함을 주지만, 누군가에게는 경제적 곤란을 주기도 하지요.

다양한 관광 상품 발달

과거에 비해 교통과 통신이 발달하고 이동이 쉬워지자 지역들은 다양한 상품을 개발하여 상권을 살리려는 노력을 합니다. 다양한 축제들이 생긴 것만 봐도 알 수 있지요.

이미 사라진 도로나 철길 등을 이용한 관광 상품을 개발하기도 합니다. 레일바이크 같은 것이 그 예지요. KTX 역을 기점으로 하루 동안 관광지를 연계하는 당일 관광 프로그램도 개발되었습니다. 그러다 보니 과거에 비해 여행 방식이 매우 다양해졌습니다.

순천시는 방학 기간에 철도로 여행하는 청소년을 위해 역사 근처에서

짐을 보관해주는 서비스를 무료로 제공합니다. 내일로 패스를 이용하여 싼값에 국내 배낭여행을 하는 청소년들이 무거운 짐은 맡겨놓고 마음껏 도시를 여행하게 하려는 전략입니다.

SNS를 통해 자기 지역의 관광 코스를 여행객에게 적극적으로 홍보하는 등 관광 자산을 홍보하는 활동도 활발해졌습니다. 지역마다 특성을 살려 여행객에게 편의를 제공하면서 발달한 교통과 통신을 관광산업에 적극 활용하는 모습이지요.

국내로 유입되는 외국 상품과 생명체들

비행기와 선박 교통도 발달하여 외국과 교류가 잦아졌습니다. 요즘엔 출장뿐 아니라 학업이나 여행 등 다양한 이유로 국경을 넘지요.

외국 여행이 쉬워지고 축제 정보도 쉽게 얻을 수 있으니 해외의 전통 지역 축제가 세계인들의 축제가 되기도 합니다. 스페인의 토마토축제나 태국의 송크란축제처럼 말이지요. 우리나라의 보령머드축제도 새로 생긴 축제이지만 세계인이 함께 즐기고 있습니다.

외국 상품도 매우 쉽게 볼 수 있게 되었습니다. 인터넷을 이용한 직구도 활발해졌지요. 해외 직구가 가능해지자 소비자들은 국산품을 외국 사이트에서 구매하기도 합니다. 우리나라 전자회사가 만든 TV를 미국의 세일 기간에 인터넷 직구를 통해 구입하면 국내에서 구입하는 것보다 싸기도 하니까요. 국경을 넘을 때 내는 관세가 붙더라도 말이죠. 그러니 해외 직구가 일상이 되면 국내 기업은 세계의 모든 기업을 경쟁자로 삼아야 할 겁니다. 소비자는 그만큼 싼값에 물건을 살 수 있을 테고요.

물건뿐 아니라 동물도 국경을 넘어 들어오고 있습니다. 2017년 9월 부

매년 4월 13~15일에 열리는 태국의 송크란축제. 축복을 기원하는 뜻으로 서로에게 물을 뿌리는 놀이가 유명하다. 우리나라 사람들도 태국을 여행하며 많이 찾고 있다.

산항의 선박 컨테이너 야적장에서, 우리나라에서는 자생하지 않는 붉은독개미가 발견된 적이 있습니다. 붉은독개미는 사람에게 치명적인 악성 외래 침입종인데, 외국에서 온 컨테이너에 붙어 있었던 것입니다. 초기 방역에 실패하면서 전국적으로 확산될 가능성이 있어서 전문가들이 모여 대책을 논의하기도 했습니다. 이런 일은 앞으로 더 빈번해질 가능성이 큽니다.

선박을 이용한 국가 간 이동이 많아지면서 선박에 붙어서, 또는 선박의 평형수 안에 들어갔던 바다 생물들이 국내 바다로 들어오면서 생태 교란종 역할을 하는 경우도 있습니다. 이 문제를 해결하기 위해 최근에 '선박평형수 관리 협약'을 만들어 다른 나라의 생물이 들어오지 못하도록 하고 있습니다.

교통과 통신의 발달은
다양성을 가져오는가, 획일성을 가져오는가?

교통과 통신의 발달로 교류는 점점 더 증가하고 있습니다. 역사적으로 볼 때에도, 교류하지 않는 집단은 세력이 약화되는 반면 교류를 통해 다양성을 경험하고 다른 문화를 받아들인 집단은 발전해왔습니다.

그런데 앞에서 보았듯이 교통과 통신의 발달은 지역의 다양성을 증진시키기도 하지만, 특정 지역의 몰락이나 문화의 획일성을 가져오기도 합니다.

그렇다면 다양성을 유지하면서도 다른 지역과 공존하려면 어떻게 해야 할까요? 기본적으로 자기 지역이 가진 특성을 이용해 다른 지역과 교류하는 방법을 찾아야 할 것입니다.

'강경'이라는 도시를 예로 볼까요? 충남 지역에서는 일제 강점기까지 강경이 주요 도시였습니다. 서해안에서 배로 수많은 물자를 내륙까지 옮길 수 있어서 많은 사람들이 모여 들었기 때문입니다. 그래서 서해안의 해산물을 이용한 젓갈시장을 열어 젓갈 산지로 유명했습니다.

그러나 경부고속도로와 호남고속도로의 분기점이 대전이 되면서 충청 지역의 중심지가 대전으로 이동하였습니다. 최근에는 고속철도가 생겨서 천안·아산 지역이 중요한 지역으로 떠오르고, 강경은 새로운 교통으로는 오히려 접근하기가 쉽지 않아졌습니다. 그런데 이런 강경이 자신들이 가진 문화적 자산인 젓갈을 이용해 젓갈 축제를 발전시켰습니다.

이처럼 지역 산물을 이용한 경제 활성화 방법이 등장하자, 지역의 고유성을 강조하기 위한 '지리적 표시제'라는 것이 등장했습니다. 이는 어떤 상품의 품질이나 특성이 이 상품의 원산지에서 비롯되었음을 증명하는 것입니다. '보성 녹차' '횡성 한우' '단양 마늘' 등이 여기에 해당합니다. 이를 통해 지역에서 생산한 특산물의 품질을 보장할 뿐만 아니라 지역을 홍보하는 역할도 합니다.

일본을 여행하다 보면 특정 지역에서만 먹을 수 있는 먹거리가 있습니다. 특정 지역에서만 파는 기념품도 있고요. 관심 있게 보아야 할 부분은 이런 먹거리나 기념품을 다른 지역에서는 팔지 않는다는 것입니다. 그러다 보니 오직 그것을 먹거나 사기 위해 해당 지역으로 여행하는 사람들이 생기게 됩니다.

반면 우리나라는 어떤 지역의 명물을 해당 지역에서만 팔지 않죠. 천안의 명물인 호두과자를 전국 어디서나 살 수 있듯이 말입니다. 교통과 통신이 발달하면서 지역의 고유한 특성을 살려서 새로운 전통을 만들어내는 경우도 있고, 특유의 전통이나 생산물이 사라지고 비슷비슷해지는 경우도 있습니다.

교통과 통신의 유익함은 인간을 교류하게 해주는 것뿐만 아니라 다양성을 경험하게 해주는 것이기도 합니다.

과연 교통과 통신이 발달하더라도 각 지역이 다양성을 유지하면서 공존할 수 있을까요? 여러분이 조만간 만나게 될, 더 발달한 교통과 통신은 여러분을 어떤 곳으로, 어떤 삶으로 이끌까요?

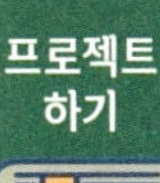

제작 활동 '우리 지역 교통 변화의 역사' 포트폴리오 만들기

1. 지역의 역사관이나 인터넷 자료 등을 통해 우리 지역의 공간이 어떻게 변화했는지 자료를 찾아본다.

2. 지역의 기차역이나 버스터미널 등이 이동했던 과정을 찾아본다.

3. 우리 지역과 주변 지역 교통이 어떻게 연결되어 변화해왔는지 조사한다.

4. 우리 지역 내에서 최근 몰락한 지역과 부각되는 지역을 찾아서 그 이유를 교통 발달과 연관시켜 설명해본다.

5. 사진과 설명 자료 등을 모두 모아서 우리 지역의 교통 변화 역사 포트폴리오를 만든다.

조사 활동 우리 지역에서 나타난 빨대 효과 찾아보기

1. 최근 우리 지역보다 큰 도시권으로 연결된 고속도로나 고속철의 개발 상황을 알아본다.

2. 최근에 개발된 고속도로나 고속철이 우리 지역에 미친 영향을, 긍정적인 측면과 부정적인 측면을 모두 고려하여 파악해본다.

3. 우리 지역에 나타난 빨대 효과를 개선하기 위한 전략을 제안한다. (우리 지역 근처에 지역 소멸이 일어난 지역이 있다면 지역 소멸에 영향을 미친 교통의 변화가 있었는지 확인하고 새로운 보고서를 만들어본다.)

창작 활동 미래의 교통과 통신 시설 상상화 그려보기

1. 50년 후의 미래 교통과 통신의 변화상을 상상해본다.

2. 상상을 그림으로 그린다.

3. 상상한 그림에 맞춰 50년 후 나의 일기를 작성해본다.

4 지식정보화가 가져오는 생활의 변화

정보화, 컴퓨터와 인터넷, 지식정보사회, 사이버 범죄, 인터넷 기반 지리정보시스템, 정보격차, 온라인, 정보 감시와 통제, 빅데이터

아름다운 오로라 그리고 눈과 얼음으로 뒤덮인 신비한 자연 환경을 가진 아이슬란드. 이 나라는 2010년대 초반에 헌법 개정 과정 논의에서도 그들의 자연환경만큼이나 새롭고 신비로운 모습을 보여주었습니다. 헌법 개정의 전반적인 과정을 일반 국민이 주도하고 SNS를 활용하여 국민의 다양한 의견을 수용하는, 온라인을 통한 직접민주주의를 실행한 것입니다.

배경은 이렇습니다. 2008년에 경제 위기로 국가부도 상황까지 갔던 아이슬란드는 정치 개혁을 위해 헌법을 수정하기로 결정했습니다. 그러면서 본래 의회에서 주도하던 헌법 개정 논의를 일반 국민이 주도하게 한 것이죠. 이것이 가능했던 배경에는 인터넷을 기반으로 하는 다양한 장치와 네트워크 연결이 있었습니다.

아이슬란드는 2010년 헌법 개정에서 최근 많이 이용하는 크라우드 펀딩◆ 방식을 이용했습니다. 크라우드 펀딩은 자금이 없는 사람이나 집단이 아이디어를 인터넷에 공개하여 다수의 투자를 받을 때 활용하는 방법입니다. 말 그대로 군중을 뜻하는 '크라우드'의 도움으로 아이디어에 불과했던 일을 실현하는 것이죠.

아이슬란드에서는 무작위로 선출된 시민들이 헌법심의회를 구성하여 의회 대신 개정안을 심사했습니다. 심의회는 심의 내용을 인터넷으로 국민들에게 알리고, 국민이 온라인으로 의견을 제출하면 이를 다시 반영했습니다. 크라우드 펀딩으로 투자금을 모으듯이 여러 사람들의 의견을 모은 것입니다.

개헌안은 2012년에 국민투표를 통해 가결되어, 아이슬란드는 새 헌법을 가지게 되었습니다. 이 일에 대하여《뉴욕타임스》는 "아이슬란드가 집단지성을 통해 최초로 개헌을 시도했다"라고 논평했습니다. 집단지성은 여러 사람들이 모여 의견을 내고 조정하고 결정함으로써 얻은 지적 능력을 말합니다.

오늘날 대부분의 나라는 의원이라는 전문적인 정치 대리인을 뽑아서 정치를 하게 하는 대의민주주의 과정을 채택하고 있습니다. 그런데 아이슬란드는 일반 시민이 참여하여 각자 의견을 내고 그 의견을 모아서 헌법 개정안을 만들어냄으로써 직접민주주의 방식을 인터넷으로 구현한 것입니다. 이런 일을 가능하게 한 것은 무엇일까요?

◆ **크라우드 펀딩**   어떤 일에 자금이 필요할 때 온라인 플랫폼을 통해 소개하고, 그 일에 동조하는 다수의 대중으로부터 조금씩 돈을 모아 자금을 마련하는 방식을 말한다.

지식정보사회, 부가 이동하다

산업화는 초기에는 증기와 석탄, 그 후에는 석유에너지와 에너지 기관의 발달에 힘입어 이루어졌습니다. 이를 통한 공장제 대량생산이 산업화의 핵심이라고 했지요. 이와 달리 정보화는 정보 동신 네트워크를 기반으로 만들어지는 지식과 정보가 핵심입니다.

제2차 세계대전 중 영국의 국방부는 암호 해독을 위해 자동 계산기를 개발했고, 1950년대에 미국 국방부는 군사적 목적을 위해 내부 정보 연결망을 구축하는 인트라넷 기술을 개발했습니다. 이런 기술을 바탕으로 개인 컴퓨터와 인터넷이 상용화되었고, 과거와 달리 손쉽게 정보와 지식을 접하고 생산하고 소비할 수 있게 되었지요. 그러자 경제·정치 및 사회·문화적 활동 전반에 새로운 변화가 나타납니다. 이를 정보화라고 합니다.

산업화를 바탕으로 하는 산업사회와 달리, 정보화를 바탕으로 하는 지식정보사회에서는 정보와 지식, 연구 개발, 미디어, 정보 기기, 정보 서비스 등이 생산에서 중요한 역할을 합니다. 이 덕분에 인터넷과 인공지능 기술 등을 통해 쉽게 정보를 얻고 자신의 의견을 지식으로 전환할 수 있는 사회가 되었지요. 아이슬란드가 헌법 개정에 온라인을 기반으로 하는 직접민주주의 방식을 채택할 수 있었던 것도, 지식정보사회 덕분입니다.

산업사회에서는 자본이 부를 쌓는 데 중요한 역할을 했지만, 지식정보사회에서는 정보와 지식, 그리고 인터넷과 인공지능 등의 기술이 부를 쌓는 데 중요한 역할을 합니다. 《포브스》라는 잡지는 매년 세계 부자들을 발표하는데, 2025년에 10위 안에 든 사람들을 보면 지식과 정보가 산업에서 얼마나 중요한지를 알 수 있습니다. 조만간 인공지능 기반 산업의 중요성이 커질 것입니다.

1위는 테슬라의 일론 머스크, 2위는 오라클의 래리 엘리슨, 3위는 아마존닷컴의 제프 베이조스, 4위는 메타의 마크 저커버그, 5위는 루이비통 등의 베르나르 아르노, 6위는 투자자 워런 버핏, 7위는 마이크로소프트의 빌 게이츠입니다. 5위인 아르노와 6위인 워런 버핏을 제외하고는 전부 지식정보 관련 회사의 대표입니다. 과거에 비해 제조업 회사의 CEO는 10위 밖으로 밀려나고, 인터넷이나 인공지능 등을 활용한 기업의 대표 등이 세계적 자산가가 되고 있습니다. 이런 현상은 더 가속화될 것입니다.

세계 부자 순위만 봐도, 우리가 산업화시대를 넘어 지식정보사회의 한가운데에 서 있음을 알 수 있습니다.

좀 더 쉽고 편하게 경제생활을 즐기다

지식정보화는 세계 부자 순위만 바꾸어놓은 것이 아닙니다. 우리 같은 평범한 소비자의 삶도 바꾸었죠. 언젠가부터 인터넷을 통한 온라인 구매가 늘다가 최근에는 스마트폰을 이용한 모바일 쇼핑이 새로운 소비지로 각광받고 있습니다. 지하철 역사에 광고처럼 붙어 있는 가상의 몰에서 상품을 선택하고 바로 결제할 수도 있습니다. 인터넷으로 물건을 구매하면 다른 사람의 상품평을 읽고 선택할 수 있으니, 앞서 아이슬란드 헌법 개정에서 보았던 집단지성의 힘을 쇼핑에 활용할 수도 있지요.

인터넷으로 물건을 구매하는 소비가 늘어나다 보니 동전을 비롯한 화폐가 무의미해지기도 합니다. 우리나라도 최근에 동전을 없애자는 논의

현금 없는 사회가 가능할까?

최근 직장인이나 대학생들은 신분증과 신용카드 한 장만으로도 일상생활에 큰 어려움을 겪지 않는다. 신분증으로 신분을 증명하고 카드로 결제하면 되기 때문이다. 더 나아가 휴대전화에 신용카드를 담거나 각종 '페이(pay)'로 불리는 모바일 간편결제 서비스를 이용하면, 신용카드조차 들고 다닐 필요가 없다.

그렇다면 현금 없이 사는 것이 정말로 가능할까? 북유럽의 스웨덴을 비롯한 몇몇 나라들에서는 상점에 아예 '현금을 받지 않는다'고 표기하는 곳도 있다. 이들 국가의 경우 현금을 사용하지 않는 결제가 80퍼센트를 넘어섰다.[37]

이제 동전이나 지폐와 같은 실물화폐에서 전자화폐로의 전환은 당연시되고 있다. 대표적인 전자화폐가 신용카드다. 현대식 신용카드는 1950년 미국에서 처음 만들어졌다. 우리나라의 경우는 1967년 백화점 카드 형태로 나왔으며, 은행계 카드는 1978년부터 발행되었다. 그리고 2000년대 들어 스마트폰이 나오면서 모바일 결제 시스템이 도입되어 현재에 이르고 있다.[38]

전자화폐 사용이 지속적으로 증가하면 결국 정부는 실물화폐의 관리 비용을 고려하여 실물화폐를 완전히 폐지하는 정책을 내릴 가능성이 크지 않을까?

가 있었는데, 몇몇 국가에서는 아예 화폐 자체를 사용하지 않는 사회의 가능성을 타진하기도 합니다. 앱을 이용한 전자결제와 전자화폐만으로도 충분히 경제 행위를 할 수 있기 때문입니다. 국가로서는 화폐를 발행하고 관리하는 비용을 줄일 수 있고, 개인은 스마트폰으로 모든 경제활동을 할 수 있으니 편리하겠지요.

온라인 활동만으로 돈을 버는 직업들도 많아졌습니다. 일부 서비스직은 재택근무도 가능해서 집에서 일을 하고, 쇼핑몰도 모바일 등을 활용한 온라인 쇼핑몰이 강세입니다. 유튜브 등에 동영상을 올려서 조회 수에 따라 광고 수익을 얻는 일을 직업으로 삼은 사람도 있습니다. 인터넷 기반 양방향성 방송을 통해 돈을 버는 BJ나 유튜버도 늘고 있고요.

서비스의 방식도 달라졌습니다. 다국적 기업은 온라인을 통해 다른 나라에서 서비스를 지원하기도 합니다. 예를 들어 내가 미국에 모기업을 둔 어떤 회사의 상품을 구매하려고 인터넷으로 상담을 요청하면 인도 등 다른 나라의 서비스 담당자와 연결됩니다. 문의 사항을 한국말로 입력해도 바로 현지어로 번역되어 담당자에게 전달되고, 답변 역시 한국어로 번역되어 나에게 돌아옵니다. 해외 직구로 물건을 사는 것만큼이나 관련 서비스도 편리해진 것입니다. 경제적으로 우리 모두는 네트워크화되어 있는 셈입니다.

물리적 거리를 넘어 서로 동등한 관계로

지식정보화로 인한 가장 큰 변화는 무엇보다 인간관계의 변화입니다. 지식정보화는 인터넷 기반의 가상공간과 인공지능을 인간에게 제공했습니다. 이곳에서는 현실세계와 유사하게 다양한 논의가 이루어집니다. 모임에 나와 사람들이 이런저런 얘기를 나누듯이, 온라인에서도 온갖 이야기를 나눌 수 있으며 새로운 창작이 가능해졌습니다. 그러면서도 익명성이 보장되지요.

사실 누군가와 직접 접촉하면 상대방이 남자인지 여자인지, 연령은 어느 정도이고 직업과 직위는 무엇이며, 옷은 무엇을 입고 차는 무엇을 타는지, 사는 동네는 어디인지 등 사회 계층적 정보를 얻습니다. 그래서 상대방의 사회적 지위를 고려하여 나와의 관계를 설정하고, 그의 의견이 갖는 중요도도 결정하지요. 이렇게 되면 평등한 관계를 형성하기도, 동등하게 정보를 교환하기도 어려워집니다.

하지만 인터넷의 가상공간에서는 누구나 자신이 가진 정보나 지식을 교환할 수 있어서 평등한 관계를 누립니다. 인터넷 게임을 할 때 연령이나 성별에 관계없이 함께하는 것이 가능한 것도 이러한 특징 때문입니다.

인터넷에서는 사회적 위치를 벗어나서 비슷한 경험을 나누며 서로에게 조언을 해주기도 하면서 비대면적인 인간관계를 맺기도 합니다. 전문가가 아니라도 블로그 등에 개인의 전문적 의견을 제시할 수 있어서, 본래 직업과 무관하게 특정 분야의 덕후가 양성되기도 합니다. 사회적 지위와 상관없이 전문가가 되고, 인터넷을 기반으로 한 전문가들이 사회적 주도권을 쥘 수도 있게 되었습니다. 이를 통해 물리적 거리를 뛰어넘어서 다른 사람들에게 큰 영향을 미칠 수도 있습니다.

세계 어느 곳이든 손안에서 만나다

영화 〈라이언〉은 오스트레일리아로 입양된 인도 소년이 25년 만에 자신의 고국인 인도에서 엄마를 찾는 줄거리입니다. 그런데 그가 엄마를 찾는 데 결정적 역할을 하는 것이 바로 '구글어스'라는 인터넷 위성사진 지도입니다. 주인공인 사루는 다섯 살 무렵에 인도의 어느 역에서 우연한 사건으로 가족과 떨어져 콜카타로 왔다가 미아가 되어 오스트레일리아의 한 가정에 입양되었습니다. 그리고 성인이 되어 구글어스를 알게 되자, 이를 통해 기억 속에 있는 고향과 비슷한 곳을 찾아보기로 합니다. 콜카타까지 기차로 14시간이 걸렸던 일을 기억해내서 콜카타에서 1,200킬로미터 떨어진 곳이라고 보고, 해당되는 지역을 구글어스로 검색하다가 기억 속에 있던 고향의 폭포를 발견하며 단서를 찾습니다.

인터넷을 통해 모두가 이 영화 주인공처럼 극적인 경험을 하는 건 아니지만, 확실히 지식정보화는 인간이 공간을 이용하는 방식도 변화시켰습니다.

지리정보시스템◆(Geographic Information System, GIS)이 인터넷과 연결되면서 누구나 공간 정보를 쉽게 파악할 수 있게 되었습니다. 직접 자신의 눈으로 위치를 파악해야 했던 과거에는, 장사를 하려면 큰 도로변에 점포를 둬야 손님을 모으기가 쉬웠습니다. 그러나 최근에는 다소 외딴곳에 음식점을 열어도 맛만 좋으면 인터넷에서 보고 찾아온 사람들로 붐비며, 이면도로의 2층에 식당을 내도 손님이 줄을 서지요.

공간을 찾아내기도 편해졌지만, 시간 면에서도 부담이 줄었습니다. 자가용에서는 내비게이션이 최적 경로를 찾아주고 도착 시간도 알려주니, 약속 장소로 언제 출발할지 이동 시간 계산도 가능해진 겁니다. 대중교통도 마찬가지입니다. 시내버스를 하염없이 기다릴 필요 없이 교통정보를 통해 내가 탈 버스가 언제 오는지 바로 알 수 있습니다.

우리는 모든 공간으로의 접근성이 손안에 들어와 있는 세상을 살고 있습니다.

◆ **지리정보시스템**　지도와 지리 정보를 컴퓨터를 이용해 작성 및 관리하고, 이 정보를 기초로 데이터를 분석·가공하여 지형과 관련된 모든 분야에 적용하기 위한 종합 정보 시스템을 말한다.

우리 삶을 위협하는 지식정보화의 문제들

산업화가 시작되었을 때, 일부 사회학자들은 과학기술의 발달이 인간의 삶을 풍요롭게 해줄 것이라고 예측했습니다. 이 예측은 일부 맞았지만, 한편으로는 빈부 격차라는 불평등과 환경오염이라는 새로운 위협을 만들었습니다. 지식정보화 또한 우리 삶에 이득을 주는 한편, 새로운 격차와 위협을 가져왔습니다.

정보격차

정보와 지식이 생산 기반이 된 사회에서 이에 접근하기 어려운 계층과 그렇지 않은 계층 사이에는 격차가 생길 수밖에 없습니다. 정보나 지식에 대한 접근성은 정보 생산과 소비 등에서 문제가 됩니다. 예를 들어 인터넷 기반으로만 헌법 개정이나 주요 정책을 논의할 경우에 노인이나 경제적인 하층민 등 인터넷 접근에 취약한 집단이 제 목소리를 내기 어렵겠지요. 집단지성에 이들의 의견이 아예 반영되지 않을 수 있는 것입니다.

경제활동에서도 마찬가지입니다. 앱을 사용하여 좀 더 싸게 물건을 사는 사람이 있는가 하면 그렇게 하지 못하는 사람이 있어서, 이들 간에 경제적 격차를 만듭니다. 키오스크 사용이 어려워 주문 자체를 하지 못하는 경우도 있지요. 사소한 것 같지만 이런 작은 행동들이 모여 엄청난 경제적 이익 격차를 만들 것입니다.

인터넷 접근 자체를 구조적으로 차단당하는 경우에는 사회적 성공 가능성이 월등히 낮아지겠지요. 결국 정보와 지식에 대한 접근의 불평등이 부의 불평등으로 나타나는 것입니다.

2015년 어느 학생이 대학에 합격했습니다. 그런데 SNS를 통해 알고 지내던 친구가 그 학생의 개인정보를 이용하여 대학 입학을 취소한 사건이 일어났습니다. 자신은 대학에 떨어졌는데 온라인으로 만난 친구가 합격했다며 자랑을 하자 질투심 때문에 저지른 사이버 범죄 행위입니다.

오늘날 대다수 현대인이 온라인에 개인정보를 입력한 채 살아가는데, 그로 인해 사이버 범죄에 노출됩니다. 수많은 CCTV와 다른 사람 손에 쥐여진 스마트폰을 보고 있노라면, 마치 낮잠 자는 내 방 창을 누군가 지나다가 열어볼 것만 같은 불안한 마음이 듭니다.

익명성 뒤에 숨어서 개인의 명예를 훼손하는 가짜 뉴스를 생성하여 퍼뜨리기도 하고, 악성 댓글을 달기도 하며, 특정 집단을 혐오하는 발언을 하는 사이트를 만들기도 하고, 불법으로 타인의 사생활이 담긴 동영상을 올리기도 합니다. 말할 것도 없이 전부 불법행위입니다.

인터넷 공간에서의 불법행위는 범죄자가 남긴 전자정보를 활용한 디지털 포렌식(digital forensics) 기법을 동원하여 해결합니다. 범죄자가 인터넷에 남긴 개인 기록은 오프라인에서 범죄자가 현장에 남긴 지문 같은 것이라서 추적이 가능하기 때문입니다. 그러나 모든 범죄자를 다 잡을 수는 없기에 불안함을 완전히 해소하긴 어렵습니다. 최근에는 생성형 인공지능 기술을 활용한 가짜 뉴스나 보이스피싱 등이 문제가 되고 있습니다. 기술의 발달 덕에 누리는 편의만큼 새롭게 나타나는 문제를 해결하기 위한 개인적·제도적 노력의 발달이 중요해지고 있습니다.

가상공간에 의존성이 높아지면 개인적 측면에서 어려움을 겪기도 합니다. 정보를 쉽게 검색할 수 있게 되니 도리어 중요한 정보조차 잘 기억하지 못하는 경우가 있는데, 이를 '디지털 치매'라고 합니다. 최근에 누구에게나 흔한 현상입니다. '스몸비' 현상이라는 것도 있습니다. 스마트폰과 좀비의 합성어로 길거리에서마저 스마트폰 화면을 보면서 걷는 탓에 사고를 당하거나 다른 사람을 위험에 빠뜨리는 것을 일컫는 말이죠.

가상공간에 빠져서 오랜 시간 게임만 하며 인간관계를 외면하거나 일상생활을 거부하는 경우도 있습니다. 가상현실을 현실로 착각하는 경우도 문제입니다. 10대들의 경우 온라인에서 '19세 제한' 성 관련 묘사를 보고 이를 현실과 착각하여 문제가 되기도 합니다. 오로지 자극적인 것만 모아놓은 가상공간을 현실과 혼동하면, 일상의 소소한 즐거움과 행복을 누리는 데 장애가 됩니다.

또한 게임에서 경험한 공격성을 현실에 그대로 드러내서 범죄로 이어지기도 합니다. 최근 인터넷 BJ나 유튜버 등 인터넷 기반 동영상 제작이 인기를 누리고 돈을 벌자, 자극적인 언어를 사용하거나 비도덕적인 내용으로 영상을 만들어서 문제가 되기도 합니다.

가상공간이라고 해도 행위자는 우리 개개인이고, 그 안에서 행하는 언행, 의사결정, 판단 등은 모두 인간인 내가 하는 것입니다. 우리는 가상공간에서의 삶을 위해 살아가는 것이 아니라 일상에서의 삶을 위해 가상공간을 이용할 뿐입니다. 어디서나 인간으로서 품위를 스스로 지킬 필요가 있습니다.

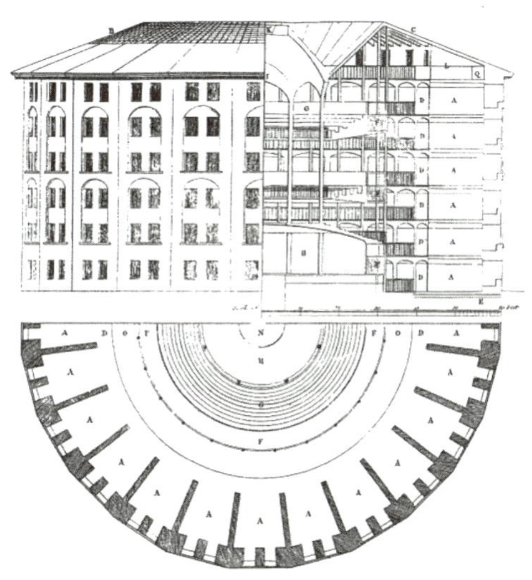

벤담이 제안한 파놉티콘의 모습. 정보화 시대의 통제와 감시에 대한 비유로 많이 쓰이곤 한다.

정보 통제와 감시

인터넷 검색을 하다 보면 조금 전에 내가 살펴본 물건 광고가 새 창에 뜨는 경험을 합니다. 이럴 때면 마음이 찜찜해집니다. 인터넷이 "당신이 한 일을 모두 알고 있습니다"라고 나에게 경고하는 느낌이 들기 때문입니다. 이렇게 온라인 공간에서의 나를 누군가가 항상 지켜보고 있는 것 같아서, 인터넷 가상공간이 파놉티콘 같기도 하고 시놉티콘 같기도 합니다.

파놉티콘(Panonpticon)은 '모두를 본다'는 의미를 담은 말로, 벤담이 제안한 가상의 감옥 형태를 가리킵니다. 파놉티콘은 중앙에 높이 솟은 감시탑을 두고 감시탑 아래에 원형으로 방을 만들어놓아서, 감시자가 혼자일지라도 감시탑에서 모든 방을 관찰하고 그 안의 사람들이 무엇을 하는

지 파악할 수 있는 구조입니다. 최근에 빅데이터로 사람들의 욕구를 파악하고 현상을 예측하는 것을 보면 빅데이터를 모을 수 있거나 가진 집단 혹은 권력 집단이 개개인의 모든 것을 감시하는 일이 가능해질 것 같아서 걱정이 됩니다.

시놉티콘(Synopticon)은 '동시에 본다'라는 의미를 담은 말로 콜로세움 같은 형태를 가리킵니다. 콜로세움에서는 관중석에 앉아 있는 다수가 경기장에 있는 소수를 동시에 볼 수 있어서, 다수가 소수를 감시할 수 있는 구조입니다. 경기장 내에 있는 그들이 일반인이든 정치인이든 상관없습니다. 오늘날 무슨 사건이 터지면 인터넷 사용자들이 일제히 CSI 요원처럼 달려들어 개인의 신상정보를 캐내서 유포하는 것도 바로 시놉티콘의 결과입니다. 때로는 긍정적으로 사용되어 누군가의 영웅적인 행동을 재조명하지만, 대부분은 마녀사냥처럼 한 인간의 삶을 뿌리째 흔들기도 합니다.

인터넷으로 만들어진 가상공간에서는, 그 구조가 파놉티콘이건 시놉티콘이건, 누구도 통제와 감시의 눈길에서 벗어나기 어렵습니다. 우리는 수많은 소설과 영화가 그려내는 어두운 미래로 가고 있는 걸까요? 아니라면 이는 그저 과학기술을 제대로 이해하지 못하는 인간의 막연한 공포일까요?

창작 활동 인터넷 공간에서 나만의 '덕후질' 해보기

1. 덕후질을 할 주제를 찾는다.

2. 인터넷에서 해당 주제와 관련된 사이트를 참고하고 다른 사이트에서 찾을 수 없는 나만의 정보를 어떻게 구성하여 제공할지 아이디어를 낸다.

3. 「저작권법」과 타인의 사생활 보호를 고려하면서 나만의 덕후질을 위한 블로그를 만든다.

조사 활동 최근에 일어난 가상공간 범죄 기사로 포트폴리오 만들기

1. 인터넷에서 가상공간 범죄를 다섯 개 정도 찾아본다.

2. 내 마음대로 순위를 정하고, 그 사건에 대하여 자세히 설명한다.

3. 다섯 사건의 공통점을 정리하고, 재발 방지를 위한 아이디어를 내어 포트폴리오로 구성한다.

논술 활동 내가 지식정보화 사회에 살고 있다는 근거 10개 제시하기

1. 나의 하루를 돌아보면서 내가 지식정보화 사회에 살고 있다는 근거를 10개 찾아본다.

2. 찾아본 각각의 상황을 고려하여 만약 현재 지식정보화가 되지 않았다면 나는 어떤 삶을 살고 있을지도 예측해본다.

3. 지식정보화가 더 진전되면 앞으로 나의 삶이 어떻게 변할지 생각해본다.

4. 위의 내용을 하나의 보고서로 정리한다.

난쟁이가 쏘아올린 작은 공

문학	미술	영화	뮤지컬
V			

조세희가 1978년에 단행본으로 출간한 연작소설 작품이다. 12편의 단편소설이 수록되어 있는데 줄거리는 하나로 연결되어 있다고 볼 수 있다. 표제는 12편 중 한 작품의 제목이다. 1981년에 동명의 영화가 만들어지기도 했다.

줄거리

주인공은 농촌에서 이주해 도시화된 서울의 판자촌에서 살아가는 일용직 노동자로 난쟁이다. 살던 곳이 강제철거를 당해서 가족이 살 곳이 없어진 상황에서 가족들의 대처 방식들을 그리고 있다. 아버지이자 주인공인 난쟁이는 결국은 추락사한다.

이 작품은 난쟁이 가족의 이야기를 통해 1960년대부터 시작된 우리나라 산업화의 다양한 공간을 그려내고 있다. 도시의 무분별한 확대와 그로 인해 나타나는 다양한 사회문제, 즉 노동자의 열악한 삶, 도시와 농촌의 경제적 불평등, 노동자와 자본가의 대립 등 한국 사회가 안고 있는 문제들을 제시한다.

출간된 지 40여 년이 지난 지금 다시 이 작품을 읽어보면 '당시의 사회구조적 문제가 지금 이 시대에는 해결된 걸까?' 하는 생각이 든다.

주제 던지기

많은 사람들이 대도시에 모여 살고 있고, 대도시로 이동하기를 원한다. 대도시에서의 삶과 관련하여 두 가지 주장을 할 수 있다.

주장 ① 대도시는 편리함에 최적화된 공간이다.

왜냐하면 대도시는 역사 발전에 따라 인간의 삶에 적합한 공간으로 변화되어 왔으며, 한 공간 안에 다양한 기능이 고도로 집적되어 있어 그 자체로 독자적인 기능이 가능하기 때문이다. 대도시가 형성되면서 상하수도, 교통망 등을 갖추었고, 이는 인간의 수명 연장에도 공헌하였다. 또한 대도시는 인간에게 더 나은 문화적 삶을 제공했다.

대도시는 인간의 삶을 위한 최적의 공간이다. 앞으로도 이렇게 발전하면서 제 역할을 할 것이다.

주장 ② 대도시는 인간이 경험하는 온갖 문제를 일으키는 공간이다.

왜냐하면 대도시는 경제적 활동 변화로 인해 만들어진 공간으로서, 급격하게 형성되는 과정에서 다양한 문제를 발생시키기 때문이다. 수직·수평적으로 팽창하는 대도시에서는 환경오염, 빈부 격차뿐 아니라 익명성 등으로 수많은 범죄가 일어나고 있다.

대도시는 인간의 삶을 힘들게 하는 치명적인 존재다. 대도시가 발전하면 할수록 인간에게는 더 많은 문제들이 생길 것이다.

토론 주제

대도시는 인간 생활과 행복에 적합한 공간인가?

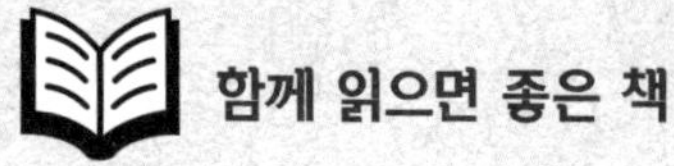

1장 사회를 통합적 관점으로 본다는 것은?

『통섭』(2005), 에드워드 윌슨 지음, 최재천·장대익 옮김, 사이언스북스

사회생물학의 대표 연구자인 에드워드 윌슨의 책이다. 인문과학, 사회과학, 자연과학을 통합적으로 보고 있다. 통합사회에서 다루는 통합적 관점보다 훨씬 더 큰 통합적 관점에 대하여 살펴볼 수 있다.

『소년이 온다』(2014), 한강 지음, 창비

2024년 노벨문학상을 받은 한강 작가의 소설이다. 한강 작가 스스로 가장 많이 읽혔으면 좋겠다고 이야기한 책이기도 하다. 한국 사회의 민주화 과정에 살았던 한 개인의 고통을 그려내고 있다. 주인공이 경험한 역사적으로 중요한 사건에 대하여 통합적 관점으로 적용하여 질문하다 보면, 나의 개인적 삶이 사회와 분리되지 않음을 알게 될 것이다.

『총, 균, 쇠』(2023), 재레드 다이아몬드 지음, 강주헌 옮김, 김영사

생물학, 지리학, 인류학, 역사학 등 다양한 학문의 융합 및 통합적 관점으로 인류사를 살펴본 책이다. 인류 문명에 대한 다양한 이야깃거리와 그에 맞는 다양한 관점을 제시한다. 다만 저자의 관점에 압도되거나 동의하는 것을 넘어 비판적으로 읽어보면 또 다른 관점을 갖게 될 것이다.

『사춘기를 위한 관점 수업』(2023), 이은애 지음, 생각학교

청소년이 가진 다양한 고민과 그에 걸맞은 다양한 고전 도서를 제시하면서, 청소년들이 자신만의 관점을 가지고 자신의 문제를 고민하고 해결방안을 생각해보도록 안내하는 책이다. 이런 사고 과정은 현상을 다양한 관점으로 파악하는 시작이 되어줄 것이며, 궁극적으로는 통합적 관점이 필요한 이유를 알게 될 것이다.

2장 우리는 어떻게 행복한 삶을 살 수 있을까?

『달라이 라마 행복의 지혜』(2014), 달라이 라마·빅터 챈 지음, 진우기 옮김, 반니

티베트 불교의 승려인 달라이 라마의 행복에 관한 이야기를 모은 책이다. 불교에서 강조하는 자비를 기본으로 '어떻게 살아야 하는가'에 대한 문제를 주로 다루며, 현대인들이 어떤 마음을 가져야 행복해지는지 인식하게 한다. 자신과 타인의 행복을 위한 삶의 태도와 자세에 대한 답을 구하는 데 도움이 된다.

『우리도 행복할 수 있을까』(2014), 오연호 지음, 오마이북

부제인 '행복지수 1위 덴마크에서 새로운 길을 찾다'에서 알 수 있듯이 덴마크 국민의 행복 비결을 여섯 가지 키워드로 정리한 책이다. 저자가 직접 덴마크를 방문해 다양한 사람들과 인터뷰한 생생한 결과를 바탕으로 썼으며 덴마크와 우리나라를 비교해 생각할 거리를 제공한다.

『행복에 관한 10가지 철학적 성찰』(1999), 필립 반 덴 보슈 지음, 김동윤 옮김, 자작나무

행복에 대한 설명과 함께 소피스트, 플라톤, 아리스토텔레스, 데카르트, 프로이트 등 다양한 철학자들의 철학을 담아냈다. 다소 어려운 내용이지만 철학 전반에서 행복을 무엇이라고 보는지 파악하는 데 도움이 된다.

『행복의 조건』(2010), 조지 베일런트 지음, 이시형 감수, 이덕남 옮김, 프런티어

1930년대 말 하버드대학교 졸업생과 일반인을 대조하면서 72년간의 삶을 장기 추적한 자료를 바탕으로 행복에 관해 기록한 책이다. 성공적인 노화에 이르는 길을 '행복하고 건강한 삶'이라는 관점에서 파악하고 이를 위한 삶의 조건들을 제시하고 있다. '나는 노후에 어떤 삶을 원하고, 그러한 삶을 위해 무엇을 해야 하는지'를 생각해볼 수 있다.

3장 우리를 둘러싼 자연환경 이해하기

『**불편한 진실**』(2006), 앨 고어 지음, 김명남 옮김, 좋은생각

미국의 부통령이었던 앨 고어는 환경운동가이기도 하다. 이 책에서는 다양한 도표와 사진 자료를 통해 지구온난화가 만들어내는 문제를 구체적으로 파악할 수 있다. 지구온난화와 관련한 편견 10가지와 그것을 비판하는 내용을 담았다.

『**지리의 힘**』(2016), 팀 마샬 지음, 김미선 옮김, 사이

부제인 '지리는 어떻게 개인의 운명을, 세계사를, 세계 경제를 좌우하는가'라는 표현에서 알 수 있듯이 '지리'라는 렌즈로 세계 여러 나라를 살펴본다. 자연환경에만 초점을 둔 것이 아니라 지정학 측면에서 여러 나라와 대륙을 설명하며 역사, 정치, 문화 등을 연관시키기에 다소 어렵게 느껴지기도 한다. 『통합사회 교과서와 한 번에 통과하기』에서 다루는 내용을 공부하면서 읽어나가면 좋을 것이다.

『**환경윤리(제5판)**』(2017), 조제프 R. 데자르댕 지음, 김명식·김완구 옮김, 연암서가

환경과 관련해 논의되는 윤리 문제를 토론 사례와 함께 다룬다. 환경에 대하여 윤리적 접근을 해야 하는 이유와 관련 이론들은 무엇이 있는지 보여준다.

4장 다양한 문화 속에서 함께 살아가기

『낯선 곳에서 나를 만나다』(2006), 한국문화인류학회 편저, 일조각

문화인류학 입문서이면서 문화 상대주의의 중요성을 다루고 있다. 문화인류학에 관심이
있다면 흥미롭게 읽을 수 있는 반가운 책이다.

『문화의 수수께끼』(2017), 마빈 해리스 지음, 박종렬 옮김, 한길사

문화인류학자인 저자가 암소 숭배 현상, 돼지고기 혐오, 유령화물, 마녀사냥, 구세주 등
그동안 연구했던 다양한 문화를 분석해 놓은 책이다. 이외에도 독특한 문화현상이 왜 나
타나는지를 보면서 문화 상대주의 필요성을 이해하게 될 것이다.

『세계의 장례문화』(2006), 한국외국어대학교 외국학종합연구센터 지음, 한국외국어대학교출판부

각 나라는 자연환경, 종교적 특성, 가치관 등에 따라 고유한 장례풍습을 가지고 있다. 우
리가 보기엔 너무나 낯설고 이상한 장례풍속이라도 그 안에 담긴 상징과 의미를 잘 파악
하면 왜 그 지역에서 그런 문화를 갖게 되었는지 알게 된다.

『우리 옆의 약자』(2025), 이수현 지음, 산지니

우리 사회 소수자들의 이야기를 담고 있다. 이주 노동자, 장애인, 미혼모, 병역거부자, 성
소수자, 탈북민 등. 이들이 우리 사회에서 차별받으며 느끼는 고통을 기록한 것뿐만 아니
라 문제 해결 방안도 제시하고 있다.

5장 사회 변동에 따른 생활공간과 생활양식의 변화

『**도시의 승리**』(2021), 에드워드 글레이저 지음, 이진원 옮김, 해냄출판사

'도시는 어떻게 인간을 더 풍요롭고 더 행복하게 만들었나?'라는 부제에서 볼 수 있듯이 전세계 수많은 도시의 흥망성쇠를 다루면서 도시 관련 이슈를 제시한다. 저자의 주장대로 도시는 인류 최고의 발명품이지만, 다양한 문제를 만들어내는 곳이기도 하다. 이 책을 통해 가보지 않은 수많은 도시를 만날 수 있으며, 도시의 성장과 몰락 그리고 새로운 도시에 관한 생각들을 접하게 될 것이다.

『**우리는 지난 100년 동안 어떻게 살았을까(1~3)**』(2023), 한국역사연구회 지음, 현북스

세 권으로 이루어진 책이다. 주로 갑오개혁 이후 100년 동안의 역사를 다루고 있다. 한국 사회가 근대로 넘어가는 시기의 이야기를 담았다. 1권은 삶과 문화, 2권은 사람과 사회, 3권은 정치와 경제를 다룬다. 다양한 사례를 통해 20세기 한국의 생활문화사를 배우면서 한국의 근대화 과정, 지식정보화로 인한 변화를 일부 살펴볼 수 있다.

미주

1) 『커피의 역사』, 하인리히 에두아르트 야콥 지음, 남덕현 옮김, 자연과생태, 2013.

2) 『사회복지조사방법론』, A. 루빈·E. 바비 지음, 성숙진·유태균·이선우 옮김, 나남, 1998.

3) 『파랑새』, 모리스 마테를링크 원저, 우현옥 글, 김미견 그림, 봄볕(꿈꾸는꼬리연), 2014.

4) '한국민족문학대백과사전' 온라인판(http://encykorea.aks.ac.kr).

5) 『행복의 완성』, 조지 베일런트 지음, 김한영 옮김, 흐름출판, 2011.

6) 『멋진 신세계』, 올더스 헉슬리 지음, 안정효 옮김, 소담출판사, 2015.

7) 『달라이 라마의 행복론』, 달라이 라마·하워드 커틀러 지음, 류시화 옮김, 김영사, 2001, 25쪽.

8) 『인간과 공간』, 오토 프리드리히 볼노 지음, 이기숙 옮김, 에코리브르, 2011, 352쪽에서 재인용.

9) 『행복, 경제학의 혁명』, 부르노 S. 프라이 지음, 유정식·홍훈·박종현 옮김, 부키, 2015.

10) 『present』, 최인철 지음, 한스미디어, 2014, 110~111쪽.

11) 『덴마크 사람들처럼』, 말레네 뤼달 지음, 강현주 옮김, 마일스톤, 2015.

12) 『우리도 행복할 수 있을까』, 오연호 지음, 오마이북, 2014.

13) 『부탄 행복의 비밀』, 박진도 지음, 한울아카데미, 2017.

14) 최근 들어 일부 지중해 지역에서는 이런 낮잠 문화를 없애는 추세다.

15) 안관옥, "영산호 퇴적물 매년 7t… 수질 5급수도 못 미쳐", 《한겨레》, 2005.12.26.

16) 『10대와 통하는 환경과 생태 이야기』, 최원형 지음, 철수와영희, 2015.

17) 『기적의 사과』, 이시카와 다쿠지 지음, 이영미 옮김, 김영사, 2009, 24쪽.

18) 『플라스틱 바다』, 찰스 무어·커샌드라 필립스 지음, 이지연 옮김, 미지북스, 2013.

19) 『엘니뇨와 라니냐』, 마이클 그랜츠 지음, 오재호·권원태 옮김, 아르케, 2002.

20) 『위험한 행성 지구』, 브린 버나드 지음, 임지원 옮김, 주니어김영사, 2008.

21) 「한반도의 역사지진 자료」, 이기화, 《지구물리》 제1권 제1호, 3~22쪽.

22) 『생각의 지도-동양과 서양, 세상을 바라보는 서로 다른 시선』, 리처드 니스벳 지음, 최인철 옮김, 김영사, 2004.

23) 아시아적 가치는 한때 아시아 국가의 눈부신 경제 성장을 설명하는 중요한 논거로 제시되었으나, 최근 아시아 경제가 위기에 처하면서 설득력을 잃고 있다.

24) 『슬픈 열대』, 레비스트로스 지음, 박옥줄 옮김, 한길사, 1998.

25) 황대일, "[숨은 역사 2cm] 네안데르탈인 '5천년 전쟁'으로 멸종…원인은 소통 부족", 《연합뉴스》, 2017.3.11.

26) 『쿠쉬나메』, 이희수·다르유시 아크바르자데 지음, 청아출판사, 2014.

27) 『관용, 세상의 모든 칼라스를 위하여』, 볼테르 지음, 김계영 옮김, 옴므리브로, 2015.

28) http://www.youtube.com/watch?v=Bb2fTQO31GQ&feature=player_embedded

29) 『유럽 문화사(하)』, 페이터 리트베르헨 지음, 정지창·김경한 옮김, 지와사랑, 2003, 286쪽.

30) 『마르크스주의에서 본 영국 노동당의 역사』, 토니 클리프·도니 글룩스타인 지음, 이수현 옮김, 책갈피, 2008.

31) 『차티스트 운동, 좌절한 혁명에서 실현된 역사로』, 김택현 지음, 책세상, 2008.

32) '서구'라는 표현은 과거 유럽을 한자어로 '구라파'라고 불렀던 것에서 유래한다. 서유럽을 서구라파라고 하였다가 이를 축약하여 서구라고 부르게 된 것이다.

33) 『스키너의 심리상자 열기』, 로렌 슬레이터 지음, 조증열 옮김, 에코의서재, 2005, 100~101쪽.

34) 『인간과 공간』, 오토 프리드리히 볼노 지음, 이기숙 옮김, 에코리브로, 2011, 126쪽에
　　서 재인용.

35) "서울~부산 '2시간 이내' 주파… KTX 무정차 서비스 도입",《헤럴드경제》, 2017.2.2.

36) "테슬라CEO '하이퍼루프 구두 승인… 워싱턴부터 뉴욕까지 29분'",《중앙일보》,
　　2017.7.21.

37) 정임수, "거스름돈은 카드에 쏙쏙… 동전없는 세상 시작됐네",《동아일보》, 2017.10.17.

38) 배소라, "[지식발전소] 신용카드 유래, 과연 누가 만들었을까?",《뉴데일리》, 2014.1.6.

사진 출처

© Ipek Morel/Shutterstock.com
55쪽 부탄 푸나카의 로베사 마을에 있는 전통 시장

© Shutterstock.com
67쪽 눈이 많이 오는 지역에서 볼 수 있는 급경사 모양의 지붕
72쪽 항공 기술을 이용한 농업 방식
93쪽 도시 곳곳에 나무를 심어 녹지를 만든 쿠리치바의 모습
115쪽 순록 썰매를 타고 이동하는 사람들
170~171쪽 고층 건물이 즐비한 뉴욕 맨해튼의 스카이라인

© Rena Schild/Shutterstock.com
139쪽 미국의 도널드 트럼프 대통령이 발표한 '불법 체류 청년 추방 유예 제도' 폐지 행정명령을 무효화하기
      위해 시위하는 사람들

© Sanit Fuangnakhon/Shutterstock.com
184쪽 매년 4월 13~15일에 열리는 태국의 송크란 축제

© 연합뉴스
77쪽 영산강 하굿둑
98쪽 2017년 11월 15일에 발생한 지진으로 큰 피해를 입은 포항의 모습
121쪽 석굴암 본존불상의 정면 모습

© The Bridgeman Art Library/게티이미지코리아
154쪽 쇠라의 〈서커스〉(1891)

통합사회 교과서 한 번에 통과하기 1

초판 1쇄 2018년 5월 14일
초판 3쇄 2020년 3월 20일
개정판 1쇄 2025년 12월 22일

지은이 | 구정화
펴낸이 | 송영석

편집장 | 박신애
기획편집 | 최예은 · 이나연
디자인 | 박윤정 · 유보람
마케팅 | 김유종 · 한승민
관리 | 송우석 · 전지연 · 채경민

펴낸곳 | (株)해냄출판사
등록번호 | 제10-229호
등록일자 | 1988년 5월 11일(설립일자 | 1983년 6월 24일)

04042 서울시 마포구 잔다리로 30 해냄빌딩 5 · 6층
대표전화 | 326-1600 **팩스** | 326-1624
홈페이지 | www.hainaim.com

ISBN 979-11-6714-139-2
ISBN 979-11-6714-138-5(세트)

파본은 본사나 구입하신 서점에서 교환하여 드립니다.